El Poder de Tu Voluntad
(2da Edición)

Segunda Edición:
Sello: Independently published
ISBN: 9798455659287
Dic. 2021

Primera Edición:
Publicaciones y ediciones Letras latinoamericanas.
Morrisville, Carolina del Norte, Estados Unidos.
ISBN: 978-1-67818-882-5
Abril, 2020.

Revisión y traducción al portugués: Aline Portel – Brasil. ***O Poder da sua Vontade***
Revisión y traducción al inglés: Carola Borda Beckrich – Inglaterra. ***The Power of your Willpower***

Josué Rodríguez

El Poder de Tu Voluntad

(2da Edición)

Índice

Prólogos

Sulivan Franca, Master Coach, presidente de la Sociedad Latinoamericana de Coaching – **São Paulo, Brasil**.

Pedro Solorzano, Master Coach, CEO Gamification, Training & Coaching – **Málaga, España**.

Denis Alfaro Villarroel, proyectólogo y motivador personal – **Houston/Texas, EE.UU**.

Gabriel Paradiso, experto en liderazgo y sociología de las organizaciones y en procesos de cambio organizacional, escritor, conferencista y facilitador internacional – **Buenos Aires, Argentina.**

Diana Isabel Saavedra Rodríguez, ingeniera financiera, directora comercial de negocios fiduciarios, **Bogotá – Colombia.**

Ginette González Espinoza, presidente en Asunto Resuelto S.A. – **Alajuela, Costa Rica**.

Jackeline Barba R., economista PAG INCAE BUSINESS SCHOOL, consultora senior de estrategia, emprendedora, **Quito – Ecuador**.

Nereida Bolaños, PMO Senior Manager de empresa multinacional, MBA - PAG INCAE BUSINESS SCHOOL – **Ciudad de Panamá, PA.**

Félix Iniesta, MBA - PAG INCAE BUSINESS SCHOOL, consultor en responsabilidad social – **Ciudad de México, MX**.

Pedro Velasco Mac Lean, ingeniero industrial, MBA - PAG INCAE BUSINESS SCHOOL, gerente de relaciones industriales - Sinchi Wayra S.A. – **La Paz, Bolivia**.

Prólogo

Tuve el privilegio de conocer a Josué Rodríguez en uno de los cursos de capacitación que impartí en São Paulo y, desde entonces, somos excelentes socios de profesión. Rodríguez es un profesional excepcional y realiza todos sus procesos con maestría. Comenzando con este libro que siempre debe estar contigo. En las páginas siguientes, leerás contenido rico que te llevará a reflexionar sobre tus acciones en las esferas personal y profesional.

¿Te conoces lo suficiente? El autoconocimiento es la percepción de tus emociones y acciones. Es saber entender los sentimientos y por qué ocurren. Es importante que lo desarrolles porque muchas decisiones relevantes en nuestras vidas no se pueden tomar solo a través de la razón, es necesario creer en tu intuición y tener sabiduría emocional.

De una manera vivaz, dinámica y práctica, Rodríguez aclara cómo mejorar significativamente su autoconocimiento para tener éxito.

Comenzarás a pensar antes de actuar, sabrás cómo tener más disciplina en tus actividades para que tu día se duplique, ¡aprenderás a aplicar el enfoque y, sobre todo, a conocer la verdadera razón por la que existes!

Antes de comenzar su lectura, te recomiendo encarecidamente que respondas estas preguntas: ¿Te conoces lo suficiente? ¿Cómo reaccionas en situaciones de alta presión y estrés? ¿Cómo controlas tus acciones y tus emociones? ¿Cuáles son tus mejores cualidades? ¿Cuáles son tus puntos a desarrollar?

Si estas preguntas te hicieron pensar, este libro es para ti y te recomiendo que te asegures de no dejar de leer ni una sola página de ese libro. ¡Tu disposición a cambiar es esencial! ¡Usa y abusa del Poder de la Voluntad para lograr todos los sueños que tienes! ¡Ese logro solo depende de tu voluntad!

Sulivan Franca
Master Coach. Presidente de la Sociedad Latinoamericana de Coaching – **SLAC**
São Paulo – Brasil.

Prólogo

Es un gran honor el que Josué me haya pedido prologar su tercer libro. Nos conocimos hace mucho tiempo, fuimos compañeros de viaje primero en una relación profesor alumno y luego como colaboradores y este viaje ha continuado en el tiempo afianzando nuestra amistad y nuestra colaboración que se mantendrá en el tiempo y el espacio.

Josué es un pionero en su país, es un valiente, que dejó una posición cómoda por ir en pos de su sueño y su destino. Lo admiro, admiro que todo el mundo lo reciba con cariño y respeto en cualquier lugar al que vaya. Hasta en el aeropuerto de Uyuni, en un viaje que hicimos, le conocían y respetaban, por no decir que pasó lo mismo en el de La Paz o Cochabamba. Lo que siembras lo recoges y por eso Josué recoge todo ese cariño, respeto y admiración.

Este libro que tienes en tus manos es un viaje, basado en su propia experiencia. Lo que leas, seguro que él lo ha experimentado antes y también lo ha practicado, así que lo que te está ofreciendo es un acompañamiento, caminando a tu lado para que vayas mejorando, para encontrar tu propio camino y que practicando lo leído, puedas brillar.

Josué ha puesto lo mejor de sí mismo en este libro, su generosidad no tiene límites. Aprovecha cada palabra, cada párrafo, cada capítulo y… practica, practica y practica lo aprendido. Ahora es tu momento, haz tu viaje y él te irá iluminando paso a paso, no caminarás sólo.

Josué es un gran coach y su recorrido y tu compromiso te abrirán puertas y caminos que te llevarán a la mejor versión de ti.

Disfruta del viaje.

Pedro Solorzano
Master Coach
CEO Gamification - Training & Coaching
Málaga – España.

Prólogo

Josué, a través de su obra *El Poder de Tu Voluntad* nos anima a conocernos mejor a nosotros mismos, a explorar nuestro interior y revisar nuestras potencialidades personales para aprender a controlar nuestras emociones, sentimientos y acciones. Nos ayuda a ser verdaderos dueños de nuestras decisiones, y por tanto de nuestros actos.

No nos propone una receta, ni nos presenta una fórmula mágica, sino que promueve un diálogo con nosotros mismos, una revisión de nuestras cualidades y una mirada a nuestras debilidades promoviendo nuestra autovaloración para que podamos tomar conciencia de que somos capaces de construir nuestra felicidad y contribuir a la felicidad de los demás.

Todos nos planteamos alguna vez cuestiones existenciales: ¿para qué vivo?, ¿cuál es mi misión en la vida?, ¿cómo debo conducirme? Y nadie puede darnos respuestas porque la solución está en cada uno de nosotros. Sólo nosotros podemos saberlo y nos toca trabajar para descubrir las respuestas, pero ¿cómo llego a la solución del acertijo de mi vida? No hay duda que la vida es difícil, porque yo mismo debo construir el camino hacia mi plenitud; y la meta, es sin duda, descubrir y utilizar mi poder personal para ser feliz.

Con estas breves reflexiones les invito a que empecemos de inmediato a descubrir "nuestro poder de la voluntad" a través de la lectura de esta interesante y valiosa obra. Y digo gracias Josué por compartir con nosotros tus reflexiones y regalarnos las herramientas con las que construiremos nuestro poder personal.

Si tan sólo la décima parte de los lectores de esta obra pudiéramos alcanzar a construir y a utilizar nuestro poder personal, les aseguro que tendríamos un mundo mejor. Empecemos pues, ahora mismo, que el esfuerzo valdrá la pena.

Denis Alfaro Villarroel
Proyectólogo y Motivador Personal
Houston, Texas, EE. UU.

Prólogo

Que a uno lo inviten a escribir un prólogo es cosa seria. Se trata de una gran responsabilidad. He conocido a Josué en las aulas de una gran escuela de negocios: INCAE Business School. Junto a un centenar de otros alumnos, allí hemos pasado horas estudiando y practicando técnicas de *management*. Pero el coaching y el *management* son dos cosas diferentes. Por esos años, Josué era un manager, por estos días Josué es un coach. Y este libro es sobre coaching.

El Poder de Tu Voluntad es un libro robusto. Usted tendrá por delante una combinación de historias, personajes, conceptos, modelos de pensamiento, ejercicios y reflexiones que lo invitarán a mirarse al espejo de la vida. No se pare sólo en los contenidos, acepte la invitación de Josué a trabajar cada vez que termine un capítulo.

Planifique y practique sus mejoras a través de las guías que se presentan en el presente libro. Sea protagonista de su propio cambio.
Una lectura que lo provocará a experimentar actitudes nuevas, lo motivará a tener creencias distintas, lo ayudará a tomar decisiones y acciones que no venía tomando y finalmente, lo preparará para conseguir nuevos resultados.

Tal como lo indica Josué en esta obra, usted es el verdadero y único protagonista de su vida, utilice todo el poder de su voluntad. Anímese.

Gabriel Paradiso
Experto en Liderazgo y Sociología de las Organizaciones
Escritor, Conferencista y Facilitador Internacional
Especialista en Procesos de Cambio Organizacional
Ciudad de Buenos Aires, Argentina

Prólogo

El propósito identificado en la lectura del presente libro es guiar al lector a cuestionarse e identificar CON CONSCIENCIA términos básicos de la vida diaria que le permitirán trabajar internamente para ser mejor persona.

A través de la sencilla y dinámica lectura, usted se encontrará con la historia de momentos importantes de la vida de Sebastián, un personaje que cuestiona su vida, su entorno y su interior. En cada sección del libro el autor ha diseñado una serie de ejercicios los cuales hacen la lectura más dinámica y CON SENTIDO de trabajo interior para el lector.

Uno de los ideales del autor para sus lectores es en palabras del mismo, "lograr resultados prácticos que se traducirán en una mejora en el uso de su PODER DE VOLUNTAD", "liderar este mundo para lo cual debemos poder liderarnos a nosotros mismos".

Le invito a sumergirse en una lectura exquisita con ejemplos y preguntas que le llevarán a descubrirse y a descubrir el (los) propósito (s) de su vida.

Diana Isabel Saavedra Rodríguez
Ingeniera Financiera, Directora Comercial De Negocios Fiduciarios
Bogotá – Colombia.

Prólogo

Gracias Josué por este libro.

Porque en la vida todo es causa y efecto, yo creo que vivimos "causalidades" y no casualidades.

Creo que no es casualidad que yo tuviera el privilegio de leer esta obra y creo que tampoco es casualidad que ustedes, amigos lectores, la tengan también en sus manos ahora. Creo fielmente que la razón principal de ello, es necesitar y querer absorber este conocimiento, aquí y ahora, para mejorar nuestras vidas.

El Poder de Tu Voluntad incluye tanto material, abarca tantos conceptos y resume tantos aspectos clave de la vida, que, sin temor a equivocarme, puedo afirmar que, al leer este libro, conocemos también (o recordamos si ya los habíamos leído), la parte sustancial de los *best sellers* que han abordado temas relacionados.

A los devoradores de libros, como yo, les aconsejo abstenerse de apresurar su lectura. Esta obra merece y requiere ser interiorizada y disfrutada con calma, incluso releyendo, con el fin de que aprovechemos la parte práctica al máximo y obtengamos un verdadero crecimiento personal, con determinación y como dice Josué, sabiendo que cada uno de nosotros somos los directores de esta obra que llamamos vida, y que tenemos todo el potencial para vivirla plenamente a partir de cualquier circunstancia en la que estemos en este momento.

Ginette González Espinoza
Presidente de Asunto Resuelto S.A.
Alajuela – Costa Rica

Prólogo

Definitivamente el libro es para quien busca respuestas, es una guía de superación, de motivación, de aprendizaje, de estrategias. Cada capítulo se desarrolla en ambientes y entornos diferentes. Es muy probable poder identificarnos con algunas de las experiencias en el ámbito laboral, familiar e inclusive personal que el personaje principal experimenta, lo cual nos conduce a una introspección que sin duda nos ayudará a enfocarnos en nosotros mismos. Como resultado, la obra nos lleva a reflexionar sobre lo que realmente hacemos con nuestra vida, ¡tal vez se empiece a ver todo de forma diferente!

Desde que inicia la lectura, el libro cautivo con un relato muy agradable. La narrativa que emplea Josué permite al lector sumergirse en la historia y sentir los lugares, entorno, personajes con los que interactúa, olores, sensaciones y emociones. Es una verdadera experiencia.

El enfoque realista con ejemplos prácticos y sustentados, así como el uso de analogías facilitan su interpretación. Cada capítulo incorpora técnicas y herramientas que son reforzadas con autoejercicios retadores en los que se aplican las técnicas aprendidas. La obra nos desafía a materializar con éxito las enseñanzas presentadas, estableciendo tiempos de inicio que deben ser acompañados con una medición constante de nuestro progreso para la ejecución de propósitos. Así que brindemos por la publicación de este libro y sin duda su éxito.

Jackeline Barba R.
Economista PAG – INCAE
Consultora Senior de Estrategia
Emprendedora
Quito-Ecuador

Prólogo

Me crea una enorme satisfacción presentar la obra *El Poder de Tu Voluntad*, escrita por el experimentado Coach Ejecutivo, Josué Rodríguez, apasionado por el desarrollo de personas. Este libro es un instrumento para fortalecer o transformar su calidad de vida personal y profesional.

Alcanzar una mejor calidad de vida está en tus manos. Todos podemos realizar actos extraordinarios, pero depende de la voluntad adecuada aplicada en el momento adecuado y la utilización de las habilidades correctas.

La historia de cómo una persona común descubre el poder de su voluntad evidencia el profundo impacto de utilizar las destrezas correctas desarrollando conciencia plena de nuestra voluntad.

Mientras aprendemos a caminar nos caemos en múltiples ocasiones y nos levantamos una y otra vez. Somos perseverantes. La perseverancia y voluntad vienen con nosotros.

Ahora permítame hacerle las siguientes preguntas:

- ¿Tiene plena conciencia de su voluntad?
- ¿Cuáles son sus mejores habilidades?
- ¿Cómo anhela ser recordado?

Esta obra es una invitación a recordar sus facultades inherentes a través de las nueve habilidades que desarrolla el contenido del libro: aprendizaje, atención plena, visión, razón de ser, disciplina, foco, perseverancia, temple e integridad. Aquellas que vienen con nosotros desde nuestro nacimiento. Un glorioso despertar para maximizar nuestra voluntad, ¡Disfrútelo!

Nereida Bolaños
"PMO Senior Manager" de Empresa Multinacional
MBA – PAG INCAE BUSINESS SCHOOL
Ciudad de Panamá, Panamá

Prólogo

Nada más gratificante que escribir un prólogo para un muy buen amigo que admiro y respeto como lo es Josué Rodríguez.

¿Cómo no recordar aquella experiencia, de compañeros de estudio durante nuestro paso en 2012 por el INCAE en Costa Rica?

Cómo no poner en mi mente, aquella cara del "Maestro" –así le decía-, cuando se encerraba en su habitación para realizar los análisis financieros solicitados en el programa.

Hoy veo en este libro-manual su vocación de Coach Ejecutivo, pasión y reflejo de su vida.

¿Qué verás en el libro? Un camino de descubrimiento y reflexión en el que, a través de Sebastián, el protagonista de la historia, muestra sus aprendizajes de viajes y situaciones para que los pongamos en práctica y podamos descubrir, desarrollar y compartir eso que estamos llamados a ser "sueño" pero sobre todo para que seamos "más y mejor" en lo que hacemos.

La fluidez con la que se expresa Josué produce una sensación de empuje, poder y autoridad para que tomemos decisiones en nuestra vida a través de preguntas de coaching efectivas y podamos reinventarnos todos los días, ni más ni menos, que con nuestra voluntad.

¿Cómo? Ahí está, Josué muestra al final del libro un plan de acción personal con pasos específicos para que el lector los tome en cuenta para desarrollar su propio proceso, adaptado a su realidad, procesos personales y planos de vida (profesional, social, personal etc.)

Sin duda, léelo, te lo recomiendo ampliamente. Disfruta la lectura. Gracias Josué por invitarnos a tomar acción hoy en nuestra vida, ¡Maestro!

Félix Iniesta
Consultor en Responsabilidad Social,
MBA – PAG INCAE BUSINESS SCHOOL
Ciudad de México – México

Prólogo

El Poder de Tu Voluntad nos lleva en un viaje de autoanálisis desde Paris a Tarija, y de la mano de Sebastián nos brinda pautas y conceptos que van desde el budismo hasta la Gestalt para que podamos plantearnos las preguntas y encontrar respuestas a las "grandes" preguntas filosóficas que el ser humano ha buscado desde siempre.

Escrito de una manera sencilla y de fácil lectura presenta además un espacio de análisis al final de cada capítulo para que el lector pueda hacer una reflexión sobre los conceptos explicados, lo que permite además poder usar el texto de manera interactiva pudiendo usar las reflexiones y sugerencias de cada capítulo de manera individual y como una referencia a futuro dependiendo de la necesidad del lector.

Josué, además nos brinda un interesante y ameno paralelismo entre los fundamentos básicos de la visión y misión empresarial, y la "empresa" más importante que cada ser humano debe gestionar: la vida misma.
La narrativa sencilla y ligera no debe malinterpretarse, puesto que los conceptos y prácticas planteadas no son para nada sencillas ni ligeras, y podrán en muchos casos, para aquellos valientes que deciden seguir sus consejos y el desafío de encontrar sentido y propósito a sus vidas, llevarles la vida misma.

El Poder de Tu Voluntad es una interesante propuesta para tomar control de nuestras vidas, sin embargo, es posible que al final del sendero el lector descubra el poder de aquella poderosa y conocida frase: "Señor, hágase Tu Voluntad y no la mía".

Pedro Velasco Mac Lean
Ingeniero Industrial, MBA
Gerente de Relaciones Industriales
Sinchi Wayra S.A.
La Paz, Bolivia

Dedicatoria

Este libro está dedicado a todas las personas que luchan cada día contra sus miedos, incertidumbres, complejos, traumas y penas. Son seres humanos maravillosos que aún no han descubierto que todo el amor, la seguridad, la comprensión, el afecto, la confianza y la paz siempre han estado, están y estarán en sus corazones, a pesar de todo el ruido de la tempestad, del dolor que sufren y de la maldad e indiferencia de este mundo.

Test de autoconocimiento

Instrucciones:

Responde a cada pregunta con honestidad, eligiendo la opción que mejor refleje tu comportamiento o actitud habitual. Utiliza la siguiente escala para puntuar tus respuestas:

1: Nunca o casi nunca
2: Raramente
3: A veces
4: Frecuentemente
5: Siempre o casi siempre
Test de Autoevaluación de Voluntad

Aprendizaje: ¿Con qué frecuencia buscas activamente nuevas oportunidades de aprendizaje o formas de mejorar tus habilidades?
(   )

Atención Plena: ¿Cuán a menudo practicas la atención plena, enfocándote completamente en el momento presente y en la tarea que estás realizando?
(   )

Visión: ¿Con qué regularidad te tomas el tiempo para reflexionar sobre tus metas a largo plazo y ajustar tus acciones para alinearlas con estas visiones?
(   )

Misión: ¿Qué tan frecuentemente revisas tus acciones y decisiones para asegurarte de que estén alineadas con tu misión o propósito de vida?
(   )

Disciplina: ¿Con qué constancia mantienes una rutina y cumples con tus tareas, incluso cuando no tienes ganas de hacerlo?
(   )

Enfoque: ¿Qué tan a menudo logras mantener tu enfoque en tus objetivos, evitando distracciones y procrastinación?
(   )

Perseverancia: En situaciones difíciles o desafiantes, ¿con qué frecuencia perseveras en tus esfuerzos sin rendirte?
(   )

Temple: ¿Qué tan seguido enfrentas desafíos y situaciones estresantes con calma y sin perder tu equilibrio emocional?
(   )

Integridad: ¿Con qué regularidad tomas decisiones y actúas de una manera que está en consonancia con tus valores y creencias, incluso cuando nadie te está observando?
(   )

Metodología de Autoevaluación:
Suma los puntos de cada respuesta. El total de puntos te dará una idea general de tu nivel de voluntad y autodeterminación:

9-18 puntos: Puede haber áreas significativas donde podrías desarrollar más tu voluntad. Considera qué variables necesitan más atención y trabaja en ellas.
19-36 puntos: Tienes un nivel moderado de voluntad, pero hay espacio para crecer. Identifica las áreas específicas para mejorar y establece metas para fortalecerlas.
37-45 puntos: Tu nivel de voluntad es alto. Continúa fortaleciendo tus habilidades y utiliza tu fuerte voluntad para superar los desafíos y alcanzar tus metas.

Recuerda, que esta prueba es una herramienta de autoevaluación para ayudarte a identificar áreas de crecimiento personal. Usa los resultados como una guía para tu desarrollo, no como un juicio definitivo de tu carácter o capacidades.

Introducción

En un momento histórico en el que mi realidad está cambiando de manera lenta pero segura, y todo lo que consideraba verdadero ya no será lo mismo, me doy cuenta de que una vez más me enfrento a mi propia incompetencia como ser humano.

Ante esta situación, es momento de poner en práctica todo aquello sobre lo que se ha escrito con ímpetu durante la presente década del siglo XXI: la denominada "ruptura de paradigmas". Es aquí y ahora cuando "la vida", también entendida como "naturaleza", me pone a prueba como parte de la humanidad, para entender sus tres reglas principales:

1) Siempre triunfara el mejor adaptado.
2) La competencia promueve la adaptación.
3) La tierra nunca se mantiene estable por mucho tiempo provocando el caos.

A lo largo de mi vida, enfrenté incontables desafíos. Aunque muchos perciben que he disfrutado de un camino fácil, lleno de privilegios y éxitos, la realidad es que dediqué más de tres décadas constantes a mi formación académica, levantándome antes del alba y sacrificando horas de sueño, llevando mi labor al límite y, a veces, descuidando a aquellos a quienes amaba y por quienes decía trabajar. Si eso es tener suerte, entonces soy afortunado.

"El Poder de tu Voluntad" es un testimonio que aspira a dejar un legado. Sí, es posible alcanzar metas cuando perseguimos un sueño con pasión. Pero también es esencial reconocer que nuestro adversario más formidable reside en lo más íntimo de nuestro ser. La verdadera batalla es contra nuestra propia inercia y limitaciones.

Es crucial comprender que hemos trascendido de una era a otra. Las eras, períodos de relativa calma histórica, se ven perturbadas de repente. Estas disrupciones, que pueden manifestarse como virus, plagas, conflictos o profundos cambios socioeconómicos, nos empujan fuera de nuestra comodidad y nos desafían a adaptarnos. Es el ritmo inmutable del tiempo y la historia. Es la esencia de nuestra evolución y resiliencia.

Ahora toca aceptar que esta crisis profunda generará cambios sin precedentes, permitiendo el resurgimiento de una nueva sociedad, una nueva economía y un nuevo paradigma.

Parece ser que el futuro se presentará como un mundo nuevo en el que, la humanidad logre superar los desafíos actuales y haya creado una sociedad más justa y sostenible. Donde la inteligencia artificial sea un elemento clave en la automatización de tareas repetitivas y la creación de empleos más significativos, lo que permita que la sociedad se enfoque en el desarrollo humano.

Donde la **cooperación** y el **diálogo global** permitan disminuir los conflictos armados y el cambio climático se frene gracias a un compromiso mundial con la sostenibilidad y la innovación.

Desde mi mapa mental te invito a considerar los siguientes aspectos para ingresar de manera inteligente a la nueva era post COVID a la que le llamo "***la era exponencial***", donde el poder de tu voluntad será vital para hacer la diferencia:

I. **Cultiva la resiliencia:** La vida no siempre es fácil, pero la capacidad de recuperarte de los desafíos y mantener la determinación es fundamental para el éxito en cualquier entorno.

II. **Desarrolla tus habilidades:** La inteligencia artificial puede automatizar tareas repetitivas, pero la creatividad y la innovación humana siguen siendo altamente valoradas en la sociedad del futuro. Aprende nuevas habilidades y mantente actualizado en tu campo.

III. **Conéctate con otros:** El diálogo y la cooperación son clave para resolver conflictos y lograr objetivos comunes. Trabaja en equipo y busca oportunidades para colaborar y aprender de otros.

IV. **Sé flexible:** El mundo cambia rápidamente y las habilidades que eran valiosas en el pasado pueden no serlo en el futuro. Sé abierto a nuevas ideas y perspectivas.

V. **Mantén una mente abierta:** La diversidad es un valor fundamental en una sociedad justa y equitativa. Aprende sobre otras culturas y puntos de vista para ampliar tu comprensión del mundo.

VI. **Sé sostenible:** El cambio climático es una preocupación global y todos tenemos un papel que desempeñar en la creación de un mundo más sostenible. Adopta hábitos que reduzcan tu huella de carbono y apoya a empresas y políticas que promuevan la sostenibilidad.

VII. **Busca tu propósito:** Trabajar en algo que te apasiona y te dé un sentido de propósito será fundamental para la felicidad y la realización personal.

VIII. **Practica el auto-cuidado:** El bienestar mental y físico es importante para mantener la resiliencia y la productividad a largo plazo. Dedica tiempo a actividades que te gusten y te relajen.

IX. **Sé curioso:** La curiosidad es una fuerza impulsora en la innovación y el cambio. Pregunta y busca respuestas para desafiar el status quo y encontrar nuevas soluciones.

X. **Cree en ti mismo:** Finalmente, el poder de tu voluntad es un factor crítico en el éxito futuro. Cree en tus habilidades y potencial para lograr tus objetivos y contribuir a un futuro mejor para la humanidad.

Es posible que algunos empresarios deban aprender a desacelerar o a transformarse en algo completamente diferente en este momento de cambio.

Además, debemos ser conscientes de nuestra propia existencia y la de los demás, y aprender a respirar para manejar el estrés y la ansiedad.

Aunque hay muchas cosas que están fuera de nuestro control, podemos enfocarnos en lo que sí está en nuestras manos, como transformar nuestras debilidades en fortalezas y ser solidarios con los demás.

La lucha no debe ser contra el o los virus que existan en el futuro, sino contra nuestras propias costumbres y hábitos. Debemos protegernos a nosotros mismos para proteger a nuestros seres queridos y compañeros de trabajo. Ser responsables y enfocarnos en los demás nos permitirá ingresar a esta nueva era en mejores condiciones.

Este momento de cambio requiere que saquemos lo mejor de nosotros mismos y desarrollemos habilidades clave para adaptarnos y sobrevivir en un mundo en constante evolución y uno de los caminos se llama: "voluntad".

Consideraciones previas

A finales del siglo XIX, nuestro mundo albergaba a casi mil millones de almas, almas que ya no nos acompañan. Hoy, dos siglos más tarde, somos más de siete mil millones. Sin embargo, de toda esa vastedad, solo tengo control sobre una persona: yo mismo. Ahora se presenta la encrucijada: puedo seguir mi camino como si nada cambiara, atribuyendo a otros mis problemas, o puedo asumir la responsabilidad de mi existencia, decidiendo vivir con pasión, fluidez y gratitud.

Si bien es verdad que, quizás más pronto de lo que imagino, seré parte de una estadística y ya no pertenece a esta realidad, ¿no podría, mientras tanto, reinventar mi perspectiva, cambiar mis creencias limitadas y llenar mi ser de una renovada conciencia sobre mis elecciones, expectativas y emociones? ¿No podría forjar afirmaciones que me guíen hacia una vida más plena?

Surgen entonces interrogantes esenciales:

- ¿Cómo enfrentarme a mí mismo cuando conozco cada rincón de mis sombras?
- ¿Cómo deshacerme de viejos hábitos que me encadenan?
- ¿Cómo atreverme a desafiar lo conocido?
- ¿Cómo saborear la esencia de la vida?
- ¿Cómo trascender y vivir con propósito?
- ¿Cómo desarrollar mi voluntad, como energía motora que me permita alcanzar mis sueños?

El reto radica en plantearme estas cuestiones y en hallar respuestas genuinas. Solo así, descubriré cómo transformar mi voluntad en el motor más potente de autogestión y evolución personal. Solo así, me acercaré a la mejor versión de mí mismo.

"La mayoría de las personas pasamos por la vida sin aprender la lección más importante que puede aprender un ser humano: que normalmente, la felicidad no se consigue ganándose la aprobación de los demás, sino superando con esfuerzo, autodisciplina y perseverancia, los problemas y dificultades. La felicidad proviene, en gran medida, de la actividad creativa: de una intensa dedicación a personas o cosas, más que del compromiso de los demás hacia nosotros." (Albert Ellis)

"Aprender es recordar lo que ya sabes, enseñar es recordarles a los demás que saben tanto como tú." (Richard Bach)

"Que ningún pensamiento te ate, que ningún miedo te limite, que ninguna creencia te controle." (Autor anónimo)

¿Es posible tener una vida plena aquí y ahora? La respuesta es sí y no. Todo depende de tu determinación y de tener una guía, un método o el apoyo de profesionales, o incluso de contar con un manual como el que tienes en tus manos. Sin embargo, es importante tener en cuenta que todo esto solo será un 10%, el otro 90% dependerá de ti.

También es cierto que no conseguirás una vida plena aquí y ahora, o el llamado "bienestar", solo con leer este libro. Es como creer que por haber tenido un sueño anoche, mañana te encontrarás un millón de dólares en la calle, sin el mínimo esfuerzo o trabajo.

Permíteme decirte que para alcanzar este objetivo necesitas destruir todos aquellos aprendizajes innecesarios que forman parte de tu estructura de personalidad: hábitos, creencias, recuerdos inútiles, incluso conocimientos técnicos si es necesario. Esto significa mucho trabajo duro, pero es posible. Por lo tanto, nos queda plantear las siguientes preguntas: ¿Quieres hacerlo?, ¿Estás listo?, ¿Tienes las agallas?.

En este sentido, debes entender que el trabajo será arduo, doloroso como un parto, pero posible. No serás ni el primero ni el último en lograrlo, pero en el camino te asechará tu peor enemigo: tú mismo, queriendo regresar a tu vieja vida motivado por la costumbre, el miedo, la flojera, el caos y la incertidumbre.

Es en este momento, antes de continuar, que podrías preguntarte: **¿Es así como quiero vivir? ¿Me merezco esta vida?** Las respuestas siempre están ahí, esperando por ti en lo más profundo de tu corazón, y tú lo sabes.

Es más, aunque sepas lo que quieres y lo que debes hacer sin leer este libro, te presentaremos un método para alcanzar resultados. Sin embargo, debes tener en cuenta que tú siempre serás el responsable de llevarlo a cabo.

Te propongo desarrollar un modo de vida en este nuevo mundo utilizando técnicas y habilidades antiguas y olvidadas, de manera creativa y sencilla, que he experimentado en carne propia y he llamado El Poder de Tu Voluntad.

¡Bienvenido! Disfruta de dos horas de lectura fácil que, dependiendo de ti mismo, podrían cambiar el rumbo de tu destino.

Descubramos juntos que, a pesar de todo, siempre habrá un mañana.

Resumen

En el libro encontraras una novela autobiográfica que se transforma en un manual de autodescubrimiento y autodesarrollo, que busca compartir la experiencia vivida por el autor en su propio autodescubrimiento y auto desarrollo.

Presenta diez interesantes "prólogos", de profesionales muy destacados en sus áreas y de diez países diferentes (Brasil, España, EEUU, Argentina, Colombia, Costa Rica, Ecuador, Panamá, México y Bolivia), el autor siente la necesidad de reafirmar que su obra está a la altura de las expectativas de cualquier enfoque y país.

Tiene una muy breve "dedicatoria" al alma del potencial líder que duerme en el corazón de cada lector.

El test de autoconocimiento es una herramienta valiosa para el lector de "El Poder de tu Voluntad", ya que permite una introspección profunda sobre áreas clave de desarrollo personal. Al responder honestamente, el lector puede identificar fortalezas y debilidades en aspectos como aprendizaje, atención plena, visión, misión, y más. La puntuación final ofrece una perspectiva sobre el nivel actual de voluntad y autodeterminación, guiando al lector hacia un camino de crecimiento y mejora continua.

La "Introducción" de "El Poder de Tu Voluntad" aborda el desafío de adaptarse a un mundo en cambio, destacando la importancia de superar la inercia personal y las limitaciones. Enfrentando una era de disrupciones y crisis, se insta a desarrollar resiliencia, habilidades y una mentalidad abierta. Se subraya la relevancia de la cooperación global, la sostenibilidad y la integración de la inteligencia artificial en la sociedad futura. Se enfatiza la importancia de encontrar propósito, practicar el autocuidado, y mantener una actitud curiosa y autoconfiada. El capítulo culmina destacando la voluntad como una herramienta clave para navegar y prosperar en esta "era exponencial" post-COVID.

El subtítulo "Consideraciones previas" del libro "El Poder de Tu Voluntad" reflexiona sobre la unicidad del control individual en un mundo en constante crecimiento poblacional. Destaca la encrucijada personal entre culpar a otros y asumir responsabilidad por la propia vida, optando por vivir con pasión, fluidez y gratitud. Interroga sobre la autoconfrontación, superación de hábitos limitantes, y el desafío de la existencia consciente. Subraya la importancia de la autogestión y evolución personal a través del esfuerzo, autodisciplina y superación de problemas. Enfatiza que la felicidad se deriva de la dedicación creativa, no de la aprobación externa, y que la plenitud de vida depende en gran medida de la propia determinación y esfuerzo, más que de guías o manuales.

El subtítulo "Coaching" en "El Poder de Tu Voluntad" describe el coaching como una técnica de desarrollo personal y profesional, enfocada en identificar fortalezas, debilidades y metas para lograr cambios positivos y sostenibles. Inspirado en la filosofía socrática, el coaching combina diálogo, reflexión y acción, promoviendo autoconocimiento, establecimiento de objetivos realistas, desarrollo de habilidades de comunicación y liderazgo, y superación de barreras. La obra resalta la importancia de la voluntad como esencia de la transformación y progreso humano, guiando hacia el autodescubrimiento, crecimiento personal, autenticidad, conexión, inspiración y bienestar. La metodología del coaching es presentada como un medio para integrar estas enseñanzas en resultados personales concretos.

Capítulo 1 – Propósito

El subtítulo "Propósito" en "El Poder de Tu Voluntad" narra la vida de Sebastián, enfocándose en cómo sus experiencias moldearon su entendimiento del propósito de la vida. Criado en un hogar lleno de amor y desafíos, Sebastián reflexiona sobre su infancia y el impacto de la separación de sus padres. A través de vivencias con sus abuelos y la superación de adversidades en la adolescencia, descubre su pasión por las artes marciales y el mindfulness. Su vida adulta, marcada por el sacrificio del trabajo duro y el estudio constante, el amor, la paternidad, el éxito profesional y el desarrollo de una metodología de coaching única, le lleva a una comprensión más profunda del propósito de la vida, centrada en el amor y la determinación. Sebastián comparte este entendimiento con su familia, resumiendo su vida como una búsqueda de dar amor y encontrar su auténtico propósito.

Capítulo 2 – Búsqueda los nueve destinos

Sebastián, un espíritu emprendedor y curioso, emprende un viaje transformador a nueve destinos distintos, cada uno aportando una pieza clave para su libro "El Poder de Tu Voluntad".

- Su aventura comienza en las catacumbas de París, Francia donde reflexiona sobre la efímera existencia humana.
- En La Paz, Bolivia se sumerge en un mundo de artesanías y medicina tradicional, donde descubre el Brujo de La Sal.
- En el Salar de Uyuni, Bolivia aprende sobre la importancia de reconocer nuestra esencia y dones ocultos, incluso en medio de la contaminación social y emocional.
- En Sao Paulo, Brasil, Sebastián encuentra la calidez y amabilidad en la cultura brasileña a través de su amistad con el Maestro Coelho.
- La selva amazónica del Perú se le revela el mito de la tierra sin mal, enseñándole sobre la búsqueda constante de la inmortalidad y el descanso perpetuo.
- En Tíbet, una peregrinación al Monte Kailash le inspira a ver la vida desde una perspectiva diferente, apreciando la temporalidad de los buenos y malos momentos.
- En Nepal, un encuentro fortuito con un libro antiguo le introduce a la teoría evolutiva del cerebro triuno de Paul D. MacLean, lo que le proporciona un entendimiento profundo del cerebro humano.
- En India, se cruza con Deepika Kumari, cuya historia de superación y éxito en el tiro con arco, a pesar de la pobreza y discriminación, le inspira profundamente.
- Finalmente, en Barcelona, asiste a una conferencia del Dr. Martin Seligman, donde absorbe conocimientos sobre la psicología positiva.

Cada destino en el viaje de Sebastián es único, ofreciendo lecciones valiosas sobre la vida, el autoconocimiento y la superación personal. Aunque las historias no siguen una secuencia lógica o cronológica, juntas crean una narrativa rica y fascinante. Algunas de estas experiencias se basan en vivencias personales del autor Josué Rodríguez, mientras que otras son fruto de su imaginación o inspiradas en lecturas. "El Poder de Tu Voluntad" no es solo un libro, sino el resultado de una búsqueda apasionada por entender la voluntad humana y el autodescubrimiento, contada a través de un viaje que atraviesa culturas, conocimientos y experiencias personales profundas.

Capítulo 3 – Hipótesis:

En el subtítulo "Hipótesis" de "El Poder de Tu Voluntad", Sebastián propone nueve competencias personales clave para activar el poder de voluntad: aprendizaje, atención plena, visión, misión, disciplina, enfoque, perseverancia, resiliencia e integridad. Además, introduce "cinco afirmaciones poderosas" que refuerzan esta metodología, centradas en soltar el pasado, tomar control de decisiones, responsabilizarse de las consecuencias, fortalecer la determinación y enfocarse en objetivos. El libro aborda la trilogía existencial humana de ser actor, observador y escritor en la obra de la vida, enfatizando el rol del individuo como escritor de su propio destino. Sebastián anima al lector a adoptar esta perspectiva activa y ofrece un ejercicio práctico probado para facilitar una transformación positiva y consciente.

Capítulo 4 – Tres cuentos inspiradores:

Sebastián, a través de sus tres cuentos, "El sueño de Sebastián", "¿Dónde está Dios?" y "Soy producto del amor", comparte sus vivencias transformadas en historias universales. Estas narrativas resaltan los desafíos, dolores y frustraciones comunes a todos, inspirando a los lectores a reflexionar y encontrar su propia fuerza de voluntad. Estas historias, contadas con simplicidad y accesibilidad, sirven como espejos en los que los lectores pueden verse reflejados y motivarse a realizar cambios profundos desde su autodeterminación.

- En "El sueño de Sebastián", un joven descubre que la vida es un camino donde cada desafío es una oportunidad para crecer. Su jeep, un símbolo de la voluntad, avanza gracias al amor, enfrentando y superando obstáculos. Esta metáfora del viaje de la vida demuestra que no importa el destino final, sino las experiencias y aprendizajes obtenidos.
- "¿Dónde está Dios?" presenta la historia de Sebastián buscando entender a Dios más allá de las religiones dogmáticas. En una experiencia cercana a la muerte, descubre que Dios representa el amor y la energía más pura, una comprensión que se alcanza mediante el equilibrio del cuerpo, la mente, el alma y el espíritu. Esta historia refleja la búsqueda personal de la espiritualidad y el

entendimiento de que Dios está en el amor y en la conexión con uno mismo y los demás.

- En "Soy producto del amor", Sebastián contempla el significado del amor en su vida. Se da cuenta de que cada uno es resultado del amor y que el amor propio es fundamental para vivir una vida plena. A través de su historia personal, incluyendo un momento de profunda depresión, Sebastián aprende el poder del amor propio y cómo este puede transformar la perspectiva de vida.

Estas historias, inspiradas en las experiencias de Sebastián y contadas con nombres ficticios, tienen el propósito de ayudar a los lectores a identificarse con situaciones similares, comprendiendo que no están solos en sus luchas. Cada cuento es una invitación a reflexionar sobre la propia vida, a reconocer la importancia de la autodeterminación y a encontrar pistas para construir su poder de voluntad. Sebastián, a través de su narrativa, ofrece un espejo donde los lectores pueden ver sus propios desafíos y encontrar inspiración para superarlos, demostrando que, a pesar de las diferencias, todos compartimos experiencias humanas comunes que nos unen en nuestra búsqueda de significado y propósito.

Capítulo 5 – El diseño de la propuesta:

En el "Diseño de la Propuesta" del libro "El Poder de Tu Voluntad", Sebastián sintetiza su aprendizaje en un método práctico para el auto-descubrimiento y la autodeterminación. Tras cinco años de reflexión intensa, estructura "las nueve herramientas" esenciales: aprendizaje, atención plena, visión, misión, disciplina, enfoque, perseverancia, temple e integridad, complementadas por "cinco afirmaciones poderosas". Este manual, fruto de sus viajes y estudios, es una guía para equilibrar cuerpo, mente, alma y espíritu, eliminando hábitos negativos y fomentando un crecimiento personal profundo.

Capítulo 6 - El manual – las nueve herramientas:

Para esta sección Sebastián introduce nueve herramientas esenciales que sirven como pilares para desarrollar la voluntad. Estas herramientas, basadas en principios de psicología, sociología y medicina, abarcan desde el aprendizaje y la atención plena hasta la integridad y la disciplina. Son el resultado de su profundo análisis y experiencias personales, diseñadas para ayudar al lector a tomar control de su vida, enfrentar desafíos y alcanzar sus objetivos. Cada herramienta representa una faceta crucial en el camino hacia la autorrealización y el crecimiento personal.

- Aprendizaje: Esta herramienta subraya la importancia de un aprendizaje continuo y adaptativo, basado en la capacidad del cerebro para formar nuevas conexiones neuronales y redes. Sebastián enfatiza que el aprendizaje es una habilidad vital que nos permite cambiar nuestro destino en cualquier momento.
- Atención plena: La técnica de mindfulness se presenta como una práctica esencial para lograr el autoconocimiento y la autogestión. Sebastián propone su uso como un medio para vivir en el presente y desarrollar una comunicación efectiva con uno mismo.

- Visión: Define la importancia de tener una visión clara de la vida, un norte que guíe las decisiones y proporcione un sentido de propósito y dirección.
- Misión: Al igual que en el ámbito empresarial, la misión personal es crucial para definir el propósito y la razón de ser de uno mismo.
- Disciplina: Señalada como la clave para lograr objetivos y superar desafíos, la disciplina se describe como una habilidad que se puede desarrollar y fortalecer con el tiempo.
- Enfoque: La habilidad de mantener el enfoque en los objetivos es crucial para el éxito, como lo demuestra la historia de atletas y personalidades destacadas.
- Perseverancia: A través de ejemplos históricos como Abraham Lincoln y Thomas Edison, Sebastián destaca la importancia de la persistencia en la consecución de metas.
- Temple: La capacidad de adaptarse y resistir ante las adversidades se resalta como un aspecto fundamental del crecimiento personal.
- Integridad: La integridad se presenta como una virtud esencial que debería guiar todas nuestras acciones y decisiones, similar a la espada mítica Excálibur.

Sebastián formula estas herramientas como una base sólida para el aprendizaje y desarrollo de la voluntad, proporcionando un marco práctico y accesible para que cualquier persona pueda aplicarlas en su vida. Al compartir su conocimiento y experiencia, busca inspirar a los lectores a embarcarse en su propio viaje de autodescubrimiento y crecimiento personal, demostrando que, con las herramientas adecuadas, cualquier desafío puede ser superado y cualquier sueño puede hacerse realidad.

Capítulo 7 – Cinco afirmaciones poderosas:
Sebastián, se basa en la premisa de que las afirmaciones poderosas son clave para desarrollar una voluntad fuerte y una vida plena. Estas cinco afirmaciones, nacidas de la experiencia personal del autor y enriquecidas con teorías psicológicas, son esenciales para el autodescubrimiento y la transformación personal. Cada una de ellas contribuye a consolidar el poder de la voluntad de una manera única:

- "Puedo soltar el pasado": Esta afirmación subraya la importancia de liberarse de las cargas del pasado para vivir plenamente el presente. Al dejar atrás las heridas y los errores pasados, se abre un espacio para el crecimiento y la renovación.
- "Yo tengo el control de mis decisiones": Reconoce la autonomía personal en la toma de decisiones. Esta poderosa declaración empodera al individuo, recordándole que es el arquitecto de su propio destino y que sus elecciones definen su camino.
- "Soy responsable de las consecuencias de mis acciones": Esta afirmación resalta la importancia de la responsabilidad personal. Aceptar que nuestras acciones tienen consecuencias es fundamental para el desarrollo de una voluntad firme y un carácter íntegro.
- "Determinación es mi esencia": La determinación es presentada como un atributo esencial del ser humano. Esta afirmación impulsa a mantenerse enfocado y persistente, incluso ante los desafíos más difíciles, lo que es crucial para alcanzar objetivos y realizar sueños.
- "Respiro, siento, me enfoco y voy por lo que quiero": Esta afirmación combina la atención plena con la acción decidida. Destaca la importancia de estar presentes en el momento, conscientes de nuestras emociones y pensamientos, y usar esta conciencia para perseguir activamente nuestras metas.

Cada una de estas afirmaciones funciona como un recordatorio diario de nuestro poder personal y de nuestra capacidad para influir en nuestras vidas. Son herramientas sencillas, pero profundamente efectivas que, cuando se internalizan y practican regularmente, pueden llevar a cambios significativos en la forma en que uno se percibe y actúa en el mundo.

Para el autor, estas afirmaciones son fundamentales no solo por su eficacia probada en su propia vida, sino también por su universalidad y su capacidad para ser aplicadas por cualquier persona, en cualquier circunstancia. Revelan una verdad profunda sobre la condición humana: que somos seres de gran potencial, capaces de superar las adversidades, aprender de nuestras experiencias y forjar un camino de crecimiento y realización personal.

"El Poder de Tu Voluntad" no se trata solo de un libro sobre afirmaciones; es una guía para vivir una vida autodirigida y significativa. Estas cinco afirmaciones poderosas son la esencia de un método práctico y probado para fortalecer la voluntad, superar los desafíos y alcanzar la felicidad y el éxito personal.

Capítulo 8 - Mi Plan de Acción:

Es una guía estratégica que utiliza el enfoque SMART para establecer y alcanzar metas personales. Implica definir una visión clara a corto, mediano y largo plazo, alineando todas las acciones con esta visión. Incluye objetivos detallados para las dimensiones del cuerpo, mente, alma y espíritu, con énfasis en mejorar la salud, incrementar el conocimiento, manejar emociones y fortalecer las creencias personales. Este plan pragmático busca la realización personal a través de pasos consistentes y enfocados, impulsando al lector hacia la autenticidad y el éxito.

Capítulo 9 – Epílogo:

El epílogo de "El Poder de Tu Voluntad" refleja la conclusión del viaje de Sebastián, una vida plena de aprendizajes y crecimiento personal. En sus momentos finales, su satisfacción evidencia una existencia vivida alineada con sus principios y valores. El libro cierra con una reflexión sobre cómo la historia de Sebastián nos ha transformado, inspirándonos a seguir un camino de coraje y autodeterminación. Este final no solo marca el cierre de una narrativa, sino que también simboliza un comienzo nuevo y transformador para el lector, invitándolo a vivir con pasión y propósito.

Modo de usar este manual de desarrollo personal

Este libro es el resultado de cinco años de investigación que involucró a más de trescientas personas, incluyendo gerentes, jefes, mandos medios y otros profesionales, quienes participaron en el proceso de coaching ejecutivo por competencias liderado por Josué Rodríguez Executive Coach. La información recopilada se ha sistematizado en una herramienta práctica que permite al lector un desarrollo personal autodirigido.

Aunque ya se te ha presentado el resumen, o mapa y las herramientas necesarias, debes tener en cuenta que no serán útiles si no pones de tu parte, y esto se resume en una sola palabra: "acción". Debes levantarte una mañana decidido a luchar contra tu propia incompetencia y buscar el tesoro que yace resguardado en lo más profundo de tu ser. Tú tienes el poder, solo es cuestión de trabajo, mucho trabajo, como todo lo valioso en esta vida.

Hoy es el momento para dar tus primeros pasos en este maravilloso viaje al interior de ti mismo. Descubriremos juntos cómo alcanzar una vida plena, que es el destino que todos buscamos como humanidad.

En algunos capítulos encontrarás un espacio dedicado al autoaprendizaje profundo, llamado Proceso de Self-Coaching.

Al finalizar la teoría, se presenta un cuestionario llamado "Mi Plan de Acción", en el cual el lector debe desafiarse honestamente y poner en práctica las ideas que surgieron de la lectura de este libro, entendiendo que al ejecutar este "plan", podrá reinventarse y mejorar su calidad de vida.

En algunos capítulos se proponen ejercicios que deben ser realizados en periodos cortos y/o prolongados.

Este manual puede ser leído hasta en tres horas y también se puede usar por capítulos separados.

No obstante, se recomienda leerlo varias veces:

• La primera vez, leer todo de corrido.

• Luego, volver a leer y avanzar capítulo por capítulo, realizando los ejercicios y tomando notas, haciendo pausas y continuando.

Se sugiere que el lector tenga este libro en su poder durante un periodo de tres a seis meses mientras dura este proceso de autodescubrimiento y empoderamiento, también conocido como "El Poder de tu Voluntad".

Por último, en la sección final, se proporciona al lector un plan de trabajo general para mejorar, el cual debe ser seguido según las instrucciones detalladas en esa sección.

Esta metodología garantiza que el lector desarrollará hábitos que le permitirán lograr resultados prácticos y mejorar su calidad de vida, al utilizar su poder de voluntad.

Benjamín Franklin, alguna vez dijo: "Cada minuto, cada hora, cada día, nos encontramos en una encrucijada de la vida, haciendo elecciones. Elegimos los pensamientos que permitimos pensar, las pasiones que permitimos sentir, y las acciones que permitimos realizar. Cada elección es hecha en el contexto del sistema de valores que hemos seleccionado para gobernar nuestras vidas. Al seleccionar este sistema de valores, estamos, de una manera muy real, haciendo la elección más importante de nuestras vidas".

El desarrollo de tu poder personal será un trabajo en equipo, donde yo he preparado esta información y te tocará convertirla en conocimiento, para luego transformar ese conocimiento en habilidades y competencias a través de la realización de los ejercicios. De esta manera, mejorarás la efectividad de tus decisiones y, por ende, la calidad de vida.

Gracias por confiar en mí. Te prometo que juntos lograremos resultados insospechados. Comencemos.

Coaching

El coaching es una técnica que se enfoca en el desarrollo personal y profesional de una persona a través de la identificación de sus fortalezas, debilidades y metas, con el objetivo de lograr un cambio positivo y sostenible en su vida. Esta técnica se basa en el diálogo, la reflexión y la acción.

Los antecedentes del coaching se remontan a la filosofía socrática, que utilizaba el diálogo y la pregunta para ayudar a las personas a descubrir la verdad sobre sí mismas y sobre el mundo. A lo largo de los siglos, diversas disciplinas han influido en el desarrollo del coaching, incluyendo la psicología, la sociología y la administración de empresas.

Los beneficios de aprender el método del coaching son numerosos, ya que permite a las personas mejorar su autoconocimiento, establecer objetivos realistas y alcanzables, desarrollar habilidades de comunicación efectiva y liderazgo, y superar barreras personales y profesionales. Además, el coaching puede ayudar a las personas a identificar y manejar sus emociones, a mejorar su resiliencia y a encontrar un mayor sentido de propósito y satisfacción en su vida.

El autodescubrimiento es un proceso fundamental en el coaching, ya que permite a las personas identificar sus fortalezas, debilidades, valores y objetivos. Al conocerse mejor a sí mismos, las personas pueden establecer objetivos realistas y alcanzables, y desarrollar estrategias efectivas para lograrlos. El autodescubrimiento también puede ayudar a las personas a mejorar su autoestima, su confianza y su capacidad para tomar decisiones informadas y efectivas.

A través del coaching, las personas pueden mejorar su autoconocimiento, establecer objetivos realistas y alcanzables, desarrollar habilidades de comunicación efectiva y liderazgo, y superar barreras personales y profesionales.

En un proceso de Coaching, el Coach realiza preguntas reflexivas que permiten al Cliente (Coachee) realizar un proceso cognitivo (pensar) y utilizar sus propios recursos (conocimientos, experiencias y alternativas posibles, desde la propia visión del Coachee) para encontrar alternativas viables de cambio, a partir de estas alternativas se construye un plan de acción para salir del estado actual, llamado punto "A" y alcanzar el denominado punto "B" meta, sueño o visión.

En esta obra intentare inspirarlos con la idea central: la voluntad como la esencia de la transformación y el progreso humano. Esta voluntad, firme y constante, no es solo un mero deseo o intención; es una fuerza poderosa y determinante en la realización de nuestro potencial y en la consecución de una vida plena y significativa.

La esencia de nuestra lucha personal se entreteje con una pregunta vital: ¿Cómo y por qué deberíamos embarcarnos en el emocionante viaje de autodescubrimiento, de explorar nuestras capacidades más profundas, de desvelar nuestra versión más extraordinaria, de comprender la esencia de nuestro ser? Aunque cada persona encontrará ecos únicos en su corazón ante estas cuestiones, existen respuestas universales que nos inspiran a todos.

Ahora desde mi visión personal les presento cinco posibles respuestas:

Crecimiento Personal: La voluntad actúa como el motor primordial en nuestro crecimiento personal. Es ella la que nos impulsa a buscar y reconocer nuestras posibilidades y fortalezas, llevándonos a un proceso continuo de auto-mejora. En el camino hacia nuestras metas más ambiciosas, la voluntad nos provee de la tenacidad necesaria para superar obstáculos y desafíos, fomentando una actitud de confianza y resiliencia. No es solo el querer crecer, sino también el comprometerse activamente con ese crecimiento lo que marca la diferencia.

Autenticidad y Propósito: La voluntad nos guía en la búsqueda de nuestra autenticidad y propósito. Es el faro que ilumina el camino hacia el autoconocimiento, ayudándonos a entender qué nos define y nos motiva realmente. Esta comprensión profunda de nosotros mismos es crucial para vivir una vida alineada con nuestros valores y aspiraciones más íntimos. La voluntad es el puente entre conocer nuestro propósito y vivirlo, permitiéndonos alcanzar una existencia auténtica y plena.

Conexión y Empatía: En el ámbito de las relaciones humanas, la voluntad juega un papel crucial en fomentar la conexión y la empatía. Es a través de la voluntad consciente que podemos esforzarnos por entender y aceptar nuestras propias fortalezas y debilidades, así como las de los demás. Este entendimiento es fundamental para construir relaciones significativas y profundas, donde la empatía y el respeto mutuo sean la norma.

Inspiración para Otros: La voluntad también nos transforma en fuentes de inspiración para los demás. Al demostrar que es posible explorar y manifestar nuestra mejor versión, motivamos a otros a emprender sus propios viajes de autodescubrimiento y realización. La voluntad se convierte en un ejemplo viviente de lo que es posible alcanzar cuando uno se compromete plenamente con sus metas y sueños.

Equilibrio y Bienestar: Finalmente, la voluntad es esencial en la búsqueda de equilibrio y bienestar. El autoconocimiento, facilitado por una voluntad enfocada, nos ayuda a discernir entre lo esencial y lo superfluo, permitiéndonos priorizar aspectos de nuestra vida que verdaderamente contribuyen a nuestro bienestar integral. La voluntad nos empodera para crear y mantener un equilibrio que sustente una vida armoniosa y satisfactoria.

Dicho de otra manera, "El Poder de tu Voluntad" no es solo una parte de nuestro ser, sino la energía transversal que permea y potencia cada aspecto de nuestro desarrollo personal. Es la voluntad la que nos lleva desde el deseo hasta la acción, desde el sueño hasta la realidad, unificando nuestras aspiraciones con nuestras capacidades para crear una vida verdaderamente enriquecedora y realizada. Y es la metodología del coaching que nos permitirá plasmar todo este conocimiento en resultados personales.

Capítulo 1 - Propósito

Yo soy Sebastián, el hermano mayor de dos, recuerdo mi infancia como un cuento de amor, aventura y seguridad, pero podría haber sido diferente sin embargo así es como mi cerebro la recuerda, si me enfoco también puedo recordar ser un niño muy preguntón, mi vida era preguntar cosas. Mis padres me rodearon de cariño y me brindaron seguridad, estabilidad económica, emocional y familiar que necesitaba para crecer. Tuve la suerte de tener algunos juguetes y el afecto de mis tías, tíos, abuelas y abuelos. Como el primer nieto varón de ambas familias, ocupé un lugar especial en el corazón de todos.

Mis abuelos eran los pilares de nuestra familia. Por un lado, mi abuelo paterno, quien fue alcalde de una ciudad sudamericana, me regaló una infancia llena de recuerdos hasta los siete años. Todavía puedo recordar su despacho con un escritorio de madera imponente, un sillón de cuero negro que giraba y una biblioteca abarrotada de libros sobre historia universal, política y biografías de grandes líderes como Churchill, Kennedy, George Smith Patton, George Washington, Mao Zedong, Vladimir Lenin, Nelson Mandela, Mahatma Gandhi, entre otros. Detrás de su sillón principal, se alzaban escudos, banderas, espadas y fotos de nuestros ancestros.

Por otro lado, mi abuelo materno era un artesano ingenioso, inventor y pintor de origen europeo que había llegado a América a los veinte años. Era todo lo contrario a mi abuelo paterno: bohemio, amante de los detalles y de la naturaleza.

Mis valores se forjaron en dos mundos muy diferentes. Pero quizás la vida en casa de mis padres no fue exactamente como yo recuerdo mi infancia. A los siete años, en una tarde gris, todo cambió de repente. El mundo que conocía desapareció cuando mis padres se separaron. Fue un momento que, con el tiempo, llegué a considerar el más triste de mi vida. Durante décadas, cada Navidad, esperaba ver entrar a mi padre por la puerta con algunos regalos para mi hermano y para mí. Pero esa es una historia larga que contaré con más detalle más adelante.

Así que, a los siete años, fui a vivir con mis abuelos maternos. Venía de un entorno social y económico cómodo, con mis padres y abuelos, en un lugar húmedo y selvático. Ahora me encontraba en un valle seco y frío, rodeado de eucaliptos y calles de tierra. Poco a poco, olvidé mi vida anterior y comencé a adaptarme a esta nueva realidad.

Pasé mis días aprendiendo cosas increíbles de mi abuelo, desde electrónica hasta pintura, escritura y restauración. A pesar de su ocupación constante, nunca dejó de prestar atención a mis preguntas y necesidades. Siento ahora que él fue mi primer maestro. Vivimos allí, mi madre, mi hermano y yo, hasta los trece años, en una vida llena de limitaciones. La ropa nueva que tenía al llegar comenzó a tener agujeros, desde los pantalones hasta los zapatos, pero siempre abundó el amor y la comunicación en esa humilde casa minera que mis abuelos alquilaban.

A pesar de nuestra humilde condición y del arduo trabajo de mi abuelo, en nuestra casa siempre reinó una magia especial, tejida con hilos de sencillez y amor. Con un presupuesto limitado, mi amada abuela obraba prodigios en la cocina, creando las comidas más deliciosas que uno pudiera imaginar. Nosotros, los nietos, nos congregábamos alrededor de ella, formando un círculo de risas y alegría mientras servía el almuerzo o la cena.

Recuerdo, con especial cariño, las veces que me enviaba a la granja cercana para comprar huevos. Esa granja, situada a unos tres kilómetros de nuestra casa, era un viaje de aventuras en sí mismo, especialmente en aquellos años setenta. El camino era un sendero peatonal de tierra que se abría paso entre un bosque de vegetación variada y altos eucaliptos, un paisaje que fácilmente podría haber sido arrancado de los cuentos de Hansel y Gretel. La fragancia del eucalipto impregnaba el aire, un aroma que jamás se borrará de mi memoria. Mientras caminaba y saltaba feliz con mi balde en mano, los rayos del sol de la tarde se colaban entre las hojas, creando un espectáculo de luces y sombras.

Quizás se preguntarán por qué un niño de ocho años corría por el bosque con un balde para comprar huevos. La razón era simple: la economía de mi abuela solo le permitía adquirir huevos rajados, machucados o rotos, que la granja vendía a un precio mucho menor que los huevos enteros. Con esos huevos y un poco de harina, mi abuela creaba sus famosos "queques de banana", una delicia que más tarde disfrutaríamos en la cena.

En nuestro hogar, el taller artesanal de mi abuelo era otro rincón lleno de encanto. La mesa de madera y sus seis sillas eran al mismo tiempo los muebles donde comíamos y recibíamos a los amigos y donde el abuelo trabajaba, el ambiente siempre estaba impregnado con el aroma de la pintura al óleo, el café recién tostado y preparado a mano por mi abuela para mi abuelo y el humo de los cigarros negros sin filtro que el abuelo fumaba mientras pintaba sus cuadros.

Mi hermano pequeño, mi hermosa prima y yo formábamos un equipo perfecto para las travesuras. Juntos, vivimos en un mundo de detalles y sencillez que dejó una huella imborrable en mi corazón, un tesoro de recuerdos que perdura a través del tiempo.

Mi infancia estuvo marcada por un torbellino de aventuras y sueños, donde la aspiración de convertirme en arqueólogo me impulsaba a explorar el mundo y sus misterios. Esta necesidad innata de vivir experiencias nuevas y emocionantes me guiaba, ajena a cualquier riesgo.

Durante mi adolescencia, en un entorno vulnerable y marginal, enfrenté numerosas limitaciones y frustraciones, incluyendo la amenaza de las drogas y alcohol. A pesar de no contar con lujos como zapatos de moda o ropa para fiestas, tan ansiados a esa edad, siempre mantuve mi independencia y me rehusé a seguir el camino predeterminado por otros.

Un giro del destino me llevó a un gimnasio de Kung Fu, y allí descubrí el Tai chi y el Mindfulness. Este descubrimiento se convirtió en mi salvación durante los caóticos años ochenta en un país latinoamericano tercermundista, marcado por gobiernos militares que se apoderaron de la producción y tráfico de drogas con el natural impacto en la contaminación de la generación de aquellos años. Las artes marciales se convirtieron en mi pasión, y el gimnasio en mi refugio.

Cada mañana, corría con mi pelo largo, mi kimono negro y descalzo, con pesas de plomo en mis tobillos. Me bañaba desnudo al amanecer en un pozo tradicional, usando una roldana, una cuerda y un balde para extraer el agua fría. Cada balde era un escudo contra las drogas, el alcohol, la depresión y las limitaciones económicas. A pesar de estas circunstancias, no lo veía así; para mí, esos momentos eran de gran satisfacción y poder.

Siempre vestido con un buso o kimono, a veces descalzo para fortalecer las plantas de mis pies, iba a la escuela o caminaba por las calles. Mi cabello largo y mi atuendo místico me hacían distinguir en la multitud. Adopté una dieta vegetariana, manteniéndome alejado de los vicios y firme en mis convicciones. Aunque delgado, mi musculatura definida me permitía ser competitivo, sin perder nunca mi esencia sencilla y humilde.

Fue en ese momento de mi vida cuando conocí a una mujer hermosa en un concierto de rock. Nuestro encuentro marcó el inicio de una historia que se convertiría en el epicentro de mi existencia. Con ella, compartí mi vida y juntos construimos un camino que duraría hasta el final de mis días. Tuvimos tres hijos, y el amor que floreció entre nosotros se refleja ahora en nuestros nietos y bisnietos. Esa hermosa mujer se convirtió en lo último que mis ojos contemplarían antes de emprender el último viaje hacia el universo.

A los veinte años, decidí casarme después de que ella me diera la noticia de que estábamos esperando un hijo. Con el intenso amor que sentía por ese niño y su madre en cada una de mis moléculas, la misma determinación que siempre me caracterizó, dejé mi hogar con la ropa del cuerpo y me aventuré junto a "mi ella" para emprender lo que yo llamé "la aventura de mi vida". A pesar de no tener una carrera ni un trabajo estable, mi corazón estaba lleno de pasión y esperanza.

A pesar de mi falta de experiencia y una profesión, reuní el coraje necesario y empecé a trabajar como ayudante de mecánico, electricista y en un taller de refrigeración. Estas experiencias más allá de forjar aún más mi carácter me inspiraron a estudiar estas tres especialidades técnicas. Finalmente, logré graduarme como mecánico automotriz, electricista doméstico y técnico de refrigeración.

Mi travesía comenzó en mis años de estudiante de electricidad, cuando un día, un visitante preguntó por el mejor alumno. Señalado por mi profesor, fui invitado a trabajar en una empresa de instalaciones telefónicas. Este empleo marcó el inicio de una carrera que se extendería por casi cuatro décadas. Comenzando como técnico de instalaciones, mi sendero laboral se diversificó cuando el mismo dueño de la empresa de instalaciones era el gerente general de una empresa de licores y me invito a ser chofer de uno de los vehículos de distribución, manteniendo al mismo tiempo mis responsabilidades como técnico en instalaciones.

Como conductor, implementé un sistema de rendimiento de gasolina por kilómetro recorrido, una innovación que ningún otro chofer había realizado y que pronto me abrió las puertas para ascender a vendedor.

En mi nuevo rol, comencé a optimizar las rutas de distribución, lo que rápidamente me llevó a ser supervisor de ventas. Fue durante este tiempo que ingresé a la universidad. En mi posición de supervisor, me dediqué a crear bases de datos, algo bastante innovador para aquellos años. Este enfoque me llevó a ascender a jefe de ventas, donde implementé estrategias de saneamiento para la cartera de clientes morosos. A los veintisiete años, alcanzaba mi primera gerencia regional, cumpliendo mi sueño de ingresar a la universidad.

Mi vida entonces se transformó en un torbellino de responsabilidades y aprendizaje. Mis días comenzaban antes del amanecer, asistiendo a clases universitarias a las 6:45 a.m. Tras las clases, trabajaba incansablemente, sólo interrumpiendo para almorzar con mi familia y luego regresar al trabajo. Por las noches, volvía a la universidad, sumergiéndome en los estudios hasta tarde. Al llegar a casa, continuaba estudiando hasta altas horas de la madrugada.

Durante una década en la universidad, mi vida fue un equilibrio constante entre mis roles como estudiante, jefe, empleado, esposo, padre, hijo, hermano y amigo. A pesar de las frustraciones y desafíos, esas experiencias nutrieron mi visión y más tarde inspiraron uno de mis libros. En él, desarrollo la teoría de que la vida es un camino empedrado de dificultades (dolor), transitado por un vehículo llamado acción, movido por el combustible (voluntad), con breves paradas que son los momentos en que soñamos y recargamos energías. A través de todo esto, nunca perdí de vista mi sueño de convertirme en un importante ejecutivo corporativo.

Como padre, mis hijos me veían como alguien cariñoso, responsable y dedicado. Como esposo, tal vez cometí errores en mi proceso de maduración como hombre. Desde muy joven, viví en una búsqueda constante de la felicidad, tratando de llenar el vacío que la ruptura de mis padres había dejado en mí, una carga que me imponía a mí mismo.

En mi carrera profesional, tuve el honor de ocupar puestos de alta responsabilidad y liderazgo en las mejores empresas e instituciones de mi país. En ocasiones, tenía bajo mi gerencia a más de dos mil colaboradores y operaba en cuatro ciudades simultáneamente. Tras graduarme con mucho esfuerzo de una de las mejores universidades de mi ciudad, trabajé incansablemente durante más de treinta y cinco años antes de dar un paso audaz y fundar mi propia empresa. Esa decisión me llevó a convertirme en un referente internacional de conquista en campos como el comportamiento organizacional, el coaching ejecutivo, el liderazgo y el desarrollo empresarial y personal.

Como coach empresarial con más de 1.000 horas de experiencia en la implementación del método "Coaching Ejecutivo", he logrado ir más allá de los enfoques convencionales al crear mi propia metodología: CEXC (Coaching Ejecutivo X Competencias). Lo que hace que este enfoque sea único es su capacidad de adaptarse a la idiosincrasia de los profesionales que se enfrentan a desafíos constantes en sus entornos laborales. Esto es particularmente relevante en contextos globales y cambiantes, como los de Latinoamérica y otros países donde he aplicado mi método.

La metodología CEXC se destaca por ser una adaptación práctica que no compromete la integridad del proceso de coaching. Está diseñada para lograr resultados tangibles en el desarrollo de habilidades blandas, las cuales son fundamentales para el desempeño efectivo de líderes y gerentes en diversos entornos organizativos.

Como docente universitario, siempre me sentí motivado a desafiar las metodologías tradicionales. Me encantaba romper el esquema convencional de las aulas, creando metáforas y círculos de calidad para establecer los valores, la visión y la misión de cada semestre. Además, fomentaba la creatividad y el aprendizaje lúdico, permitiendo a mis estudiantes expresarse a través de películas o canciones relacionadas con los temas que estábamos estudiando. Mis alumnos siempre me recordaron con cariño y aprecio, y a menudo me elegían tutor de sus tesis más destacadas.

Recibí numerosas invitaciones de universidades, y aunque no pude aceptarlas todas, viví haciendo lo que amaba: compartiendo mi experiencia y conocimientos con jóvenes talentos. Mi trabajo me llevó a viajar con regularidad, una experiencia que disfruté profundamente, quizás como una forma de buscar respuestas a preguntas que aún no conocía. Cada viaje era una oportunidad de aprendizaje y crecimiento, y me permitía conectar con personas de diversas culturas y perspectivas, enriqueciendo mi visión del mundo.

En mi lecho de agonía, me vi transportado de nuevo a aquella tarde que ha sido la chispa de mi obra más preciada. Ese recuerdo especial se había arraigado profundamente en mi corazón, como si fuera el primer día del resto de mi vida.

La tarde en cuestión transcurrió en el Café de Flore, un lugar mágico situado en el número 172 del Boulevard Saint-Germain, en el VI Distrito de París. Este café era famoso por ser cuna del movimiento existencialista y por ser visitado por grandes filósofos como Jean-Paul Sartre, Simone de Beauvoir y Camus. El ambiente del café era un remolino de aromas a café recién tostado y charlas animadas en más de cinco idiomas diferentes. Las risas y los susurros llenaban el aire. Con una temperatura perfecta de trece grados centígrados, disfruté de un expreso al estilo italiano mientras me sumergía en los sabores únicos del café Kopi Luwak, cosechado en pequeñas cantidades de los bosques de Sumatra.

Mientras degustaba mi café, mis pensamientos se perdieron en los recuerdos de mi carrera como líder en diversas empresas de mi país. Todo comenzó cuando era un joven lleno de energía, esperanza y ambición. Desde entonces, mi sueño había sido convertirme en el mejor gerente de empresas que mi país jamás hubiera visto. Sin embargo, en ese rincón especial, en medio de la tonada del Carte Blanche Jazz Band, me encontré reflexionando sobre lo que realmente buscaba en la vida. En ese momento, sin buscarlo, descubrí algo que anhelaba profundamente. Ese lugar, imbuido con su magia y significado personal, marcó el comienzo de una búsqueda interna que cambiaría mi vida para siempre.

Caminando por una solitaria calle de adoquines en París, escuchando el eco de mis pasos y envuelto en la fresca neblina nocturna, los recuerdos más oscuros de mi vida se apoderaron de mí. Mentiras, miedo y dolor se tejieron en mi mente. Entre esos sombríos recuerdos, surgió la imagen de un cercano pariente que cayó en las garras de las drogas desde una temprana edad y nunca pudo liberarse de su adicción. A pesar de su innegable carisma y talento artístico, este ser querido se desvaneció en la miseria, con una vida marcada por el sufrimiento y la desilusión hasta su triste partida a los sesenta años, dejando atrás una existencia llena de desdicha y desesperación para sus hijos. Me atormentaba la pregunta de por qué algunas personas, a pesar de contar con todas las herramientas para una vida plena y dichosa, terminan naufragando en una existencia sin sentido.

De vuelta en la seguridad de mi hogar, los vivaces gritos de mis queridos nietos me arrancaron de mis pensamientos y me devolvieron al presente. Pero mis preguntas continuaron latiendo en mi mente, persistentes como un eco constante. ¿Qué factores determinan que algunos individuos, a pesar de tener todas las condiciones para ser felices, se vean atrapados en un abismo sin fin? ¿Qué separa a aquellos que, a pesar de las adversidades, emergen victoriosos y construyen vidas saludables y plenas para sus seres queridos? ¿Es una cuestión de genética, cultura, entorno social o educación? Mis cuestionamientos parecían infinitos, y me preguntaba por qué algunas personas pasan toda su vida buscando algo que nunca llegan a encontrar.

Pero, en un momento de lucidez, mi mirada se dirigió hacia el horizonte, donde sentía la presencia y la sabiduría de mis antepasados. Entendí que todas las respuestas a mis interrogantes se resumían en una única pregunta: "¿Cuánto amor fui capaz de dar en este fugaz instante de la inmensidad del tiempo llamado vida?" Con mi último aliento, dejé esa pregunta en el aire, como un legado para las generaciones venideras.

A pesar del cansancio que los años habían traído consigo, en una tarde que sus hijos atesorarían por siempre, sentí el fuerte deseo de reunir a toda mi familia. Con mi característica sonrisa y una lágrima que se escapó sin permiso, me despedí de mis seres queridos, sintiéndome satisfecho por haber hallado, al final de mi camino, mi propósito: amar a todas las personas que me rodeaban, a mis hijos y a los hijos de mis hijos.

Dirigiendo mi mirada a mi amada familia, compartí con convicción: *"Una vida sin propósito es como un barco sin rumbo, a merced de las olas. Recuerdo las palabras de Ella Wheeler Wilcox: 'Dos barcos navegan en direcciones opuestas, pero reciben los mismos vientos. Es la posición del timón, no el vendaval, lo que dicta el rumbo de cada barco'."*

Con voz serena y profunda, les transmití a mis seres queridos que, en medio del agitado océano de sus vidas, sería su actitud, determinación y enfoque los que los llevarían hacia la realización de sus sueños. Luego, mirándolos a cada uno a los ojos, les confesé que habían sido el sueño de mi vida, mi auténtico propósito.

En ese instante, en mi lecho final, justo antes de abandonar este mundo, una expresión de profunda satisfacción se dibujó en mi rostro. En un breve lapso, reviví mi investigación más preciada, la que bauticé como 'El Poder de Tu Voluntad'. Era el legado que dejaba atrás, una prueba tangible de mi amor y dedicación, tanto hacia mis seres queridos como hacia la vida misma.

Capítulo 2 - Búsqueda

Sebastián, con un espíritu emprendedor y curioso, comienza un viaje transformador a nueve destinos distintos, cada uno aportando una pieza clave para su libro "El Poder de Tu Voluntad".

Su aventura comienza en las catacumbas de París, donde reflexiona sobre la efímera existencia humana.

En La Paz, se sumerge en un mundo de artesanías y medicina tradicional, donde descubre el Brujo de La Sal.

En el Salar de Uyuni, aprende sobre la importancia de reconocer nuestra esencia y dones ocultos, incluso en medio de la contaminación social y emocional.

En Sao Paulo, Brasil, Sebastián encuentra la calidez y amabilidad en la cultura brasileña a través de su amistad con el Maestro Coelho.

La selva amazónica le revela el mito de la tierra sin mal, enseñándole sobre la búsqueda constante de la inmortalidad y el descanso perpetuo.

En Tíbet, una peregrinación al Monte Kailash le inspira a ver la vida desde una perspectiva diferente, apreciando la temporalidad de los buenos y malos momentos.

En Nepal, un encuentro fortuito con un libro antiguo le introduce a la teoría evolutiva del cerebro triuno de Paul D. MacLean, lo que le proporciona un entendimiento profundo del cerebro humano.

En India, se cruza con Deepika Kumari, cuya historia de superación y éxito en el tiro con arco, a pesar de la pobreza y discriminación, le inspira profundamente.

Finalmente, en Barcelona, asiste a una conferencia del Dr. Martin Seligman, donde absorbe conocimientos sobre la psicología positiva.

Cada destino en el viaje de Sebastián es único, ofreciendo lecciones valiosas sobre la vida, el autoconocimiento y la superación personal. Aunque las historias no siguen una secuencia lógica o cronológica, juntas crean una narrativa rica y fascinante. Algunas de estas experiencias se basan en vivencias personales del autor Josué Rodríguez, mientras que otras son fruto de su imaginación o inspiradas en lecturas. "El Poder de Tu Voluntad" no es solo un libro, sino el resultado de una búsqueda apasionada por entender la voluntad humana y el autodescubrimiento, contada a través de un viaje que atraviesa culturas, conocimientos y experiencias personales profundas.

La invitación está hecha: disfruta de las siguientes aventuras y déjate llevar por cada una, encontrando tu propio mensaje de inspiración a través de historias cortas y encantadoras.

París

Sebastián se encontraba en París para asistir a la conferencia del renombrado neurólogo francés especializado en neuropsicología, el doctor Michel Habib, quien en los años 80 investigó un fenómeno fisiológico que afecta el comportamiento humano, específicamente la apatía, un estado de indiferencia en el que un individuo no responde a aspectos emocionales, sociales o físicos. El doctor Habib descubrió en su investigación que los individuos apáticos tenían pequeños puntos de vasos sanguíneos rotos en el "cuerpo estriado", una pequeña central telefónica que retransmite instrucciones a las áreas del córtex prefrontal.

La conferencia proporcionó a Sebastián indicios para creer que el buen o mal funcionamiento del "cuerpo estriado" podría ser responsable de la actitud del ser humano. En resumen, la fisiología del cerebro, junto con la parte psicológica, produce ideas optimistas o pesimistas que se traducen en conductas que generan resultados mejores o peores en relación directa con el nivel de carga emocional, calidad de desempeño técnico y calidad de desempeño relacional.

Después de la conferencia, Sebastián decidió tomar un paquete turístico local para visitar las antiguas catacumbas parisinas. Mientras caminaba por esos exóticos parajes subterráneos, el guía turístico le relataba la historia detrás de este lugar. A finales del siglo XVIII, las autoridades de París iniciaron la evacuación de las osamentas de seis millones de personas, retirándolas de los cementerios sobrecargados para depositarlas en las antiguas canteras que abundan en el subsuelo. Estos osarios subterráneos fueron utilizados hasta 1861 para controlar la insalubridad y limitar los riesgos de enfermedades. Tibias y cráneos forman verdaderas paredes, huesos ocupan salas enteras en una disposición que refleja tanto el deseo de optimizar el espacio como el respeto a los difuntos a quienes pertenecían.

Mientras Sebastián contemplaba esta extraña escena, meditaba sobre si todas esas personas que en algún momento existieron, habían sentido las mismas ansiedades, inquietudes, esperanzas, aciertos, amores, miedos, desaciertos, penas, desamores para finalmente extinguirse. Un extraño escalofrío recorrió su cuerpo y lo trajo de nuevo al presente. Caminando pensativo, se preguntaba si este panorama sombrío le permitiría encontrar alguna pista que lo inspirara para poder responder al menos una de sus preguntas. En su mente se cuestionaba si este lugar tan singular podría darle alguna idea para resolver sus dudas.

Todos, sin distinción de raza, etnia, lugar de nacimiento, familia, situación social, economía, idioma, época o tiempo, somos simplemente huesos que sostienen la oportunidad de vivir un instante en la eternidad, un breve momento en este espacio llamado vida. Si nuestra parte física funciona, aunque sea a su mínima capacidad, podemos maximizar nuestra productividad existencial y vivir de la mejor manera posible un día a la vez, ya que el tiempo no es una variable que se pueda controlar, sino más bien una constante. Pero mi actitud para administrar mis decisiones en este tiempo puede marcar la diferencia. ¿Cuántas de estas personas habrán descubierto su propósito, cuántas habrán sido plenamente felices, cuántas simplemente sobrevivieron para tener una muerte inesperada?

En busca de una perspectiva espiritual y tratando de encontrar otras respuestas, decidió que era una buena idea realizar algunos viajes a diferentes partes del mundo para buscar pistas.

La Paz

A las cinco de la mañana, se encontraba en el Aeropuerto Internacional de París Charles de Gaulle, abordando un avión que lo mantendría enfocado por aproximadamente doce horas hasta aterrizar en el aeropuerto de El Alto, en la ciudad de La Paz, Bolivia.

Sebastián salía del aeropuerto de El Alto sintiendo en sus mejillas una fría briza altiplánica. Estaba llegando a la ciudad de La Paz, a 3.650 metros sobre el nivel del mar. La ciudad también se llama localmente "Chuquiago Marka", que significa en idioma aimara: lugar donde hay oro. Es la sede de gobierno y capital administrativa de Bolivia. Pasaría una noche entre sus 816.044 habitantes, en tránsito hacia el místico Salar de Uyuni.

El trayecto desde el aeropuerto de El Alto, a 4.150 de altitud, hacia la ciudad de La Paz fue cual serpiente que se campea en zigzag, teniendo un particular estilo por su pendiente de quinientos metros que toca bajar entre casas de una arquitectura única en Latinoamérica, ya que se trata de casas de varios pisos construidas de manera magistral en pendientes de un cerro de medio kilómetro de altura. La mayoría de estas casas tienen sus ladrillos a la vista, vale decir que no tienen o no están revestidas del tradicional cemento, pues están coquetamente pintadas de colores fuertes y grafitis, que se condimentan con la imagen de coloridas cabinas colgantes de los diferentes teleféricos que suben desde La Paz hasta El Alto.

Para quien no es oriundo del lugar, el corazón comienza a latir con una sensación de falta de oxígeno, un ligero mareo y una sensación que por instantes te transporta a una inesperada alucinación de claustrofobia debido a la presión arterial que producen los cuatro mil metros sobre el nivel del mar, toda la espectacular vista y parafernálica conducción suicida de vehículos que suben y bajan las empinadas curvas.

Ya en La Paz, vale decir, 500 metros más abajo del Aeropuerto Internacional de El Alto, Sebastián se encontraba en la calle Sagárnaga, cuya pendiente es de aproximadamente 35 grados, con una orilla peatonal de un metro y medio de ancho. La vía es empedrada y a un lado de la acera se apostan vendedoras y vendedores de artesanías y artículos naturales para realizar tratamientos con medicina tradicional. El intenso olor a plantas secas, inciensos y toda clase de insumos propios de la medicina natural y mística transportaban a Sebastián a un cuento de brujas.

Entre gritos de ofertas, ruido de motores, música popular con zampoñas, quenas, voces melancólicas, uno que otro vehículo público de transporte, se encontraba caminando Sebastián, personaje limpio, prolijo en su aspecto, zapatos sport, un jean azul, una chamarra plástica con forro de alpaca.

Nada de lo que sucedía a su alrededor podía distraerle, ya que venía caminando muy concentrado en sus pensamientos sobre el propósito de su próximo viaje hacia el Salar de Uyuni, donde se internaría en busca de un sabio descendiente de Huyustus, un pensador de la cultura milenaria de Tiwanaku, a quien llamaban el "Brujo de la Sal", que según sus investigaciones viviría en alguna parte de las cordilleras en cercanías del famoso Salar de Uyuni, a quien quería hacerle un par de preguntas con relación al denominado "Poder de Voluntad" que yace en el corazón del milenario Cóndor de los Andes (Vultur gryphus), una especie de ave de la familia Cathartidae, que habita en América del Sur. Es una de las aves más longevas, pudiendo alcanzar la edad de setenta y cinco años en cautiverio.

Así mismo, es reconocido como una de las aves voladoras más grandes del planeta. Por todas estas características, es un símbolo y casi una deidad para algunos pueblos andinos, ya que representa la poderosa fuerza de voluntad. Inspirado en estos aspectos, Sebastián buscaba algunas respuestas para descifrar uno más de los secretos que encierra el poder de la voluntad para su investigación.

Ya en las puertas de la agencia de viajes que lo llevaría hasta Uyuni, no dejaba de preguntarse: qué es lo que define al "segundo de verdad" como ese instante en el que el ser humano toma una decisión vital ante un problema, entendiendo que siempre podemos tener dos alternativas, las decisiones a corto y largo plazo. Pensaba Sebastián que quizá las decisiones a corto plazo eran las más simples y fáciles de tomar, sin embargo, eran las menos indicadas, poco sólidas, ya que, si bien el beneficio se recibe a corto plazo, las consecuencias podrían durar un largo plazo. Y viceversa, las de largo plazo (como: estudiar una carrera, construir un hogar, fundar una empresa etc.) exigen decisiones difíciles cuyos resultados serán sólidos, a largo plazo o para toda la vida. ¿Cuál era el secreto del Cóndor de los Andes para tener sus decisiones a largo plazo claramente definidas y llegar a ser el ave más longeva del planeta?

Después de todo, los humanos, en la lucha por existir en este muy corto trayecto denominado "nuestra vida", somo iguales en cuanto a las caídas, tropiezos, dolores, esperanzas, encuentros, desencuentros, despedidas, nuevas amistades, nuevos y viejos amores, desamores, alegrías, tristezas, aprendizajes, buena o mala salud, éxitos. Sin embargo, somos tan diferentes en como entendemos, asimilamos, sentimos y superamos todo esto. ¿Tendrá acaso la voluntad, alguna relación en estas diferencias?, se preguntaba.

De repente el claxon de un colectivo marca Ford FL 250 modelo 65 perturbó su relación consigo mismo y aquellas ideas. Sebastián casi fue atropellado en la "Calle de las Brujas", pero logró desviarse y más adelante se detuvo a preguntar el precio de unos inciensos para traer la buena suerte. La vendedora, una cholita joven de mirada profunda y un seco gesto de angustia en sus ojos, le dijo el precio y le recomendó un par de elementos adicionales que garantizarían el hechizo de atraer la buena ventura en sus negocios.

Una vez que Sebastián compró sus insumos y aterrizó de nuevo a su realidad, caminó calle abajo para tomar un taxi desde una zona menos congestionada. Ya en el auto, se entregó nuevamente a la especulación de sus pensares. Deseoso de poder llegar a una hipótesis de sus propias meditaciones, concluyó que es posible que el bien y el mal vivan en nuestros propios corazones. Que somos, quizá, producto de un mundo que aprende a vivir un día a la vez, entre el bien y el mal, y será la voluntad de tu corazón la que decida el camino que, de acuerdo a tu aprendizaje cultural, social, étnico, valores, de género, actitud, amor y edad, concluyen finalmente en una acción determinante en tus resultados.

Ya muy descansado en un hostal para turistas cerca de la zona de las brujas, Sebastián se alistó a las cinco de la mañana para tomar su transporte al aeropuerto, con destino a Uyuni, la mística Ciudad de Sal.

Salar de Uyuni

Desde el cómodo asiento, a las 7:30 de la mañana, sintiendo el olor a café que se desprendía del vaso que sostenía con cierta ansiedad, veía a los primeros rayos de sol que se filtraban por aquella óvala ventana y todo un desierto blanco sin fin de sal. El altavoz hacía eco de la masculina voz del capitán de ese Bombardier CRJ700 de dos filas de asientos por lado. Cual guía turístico, anunciaba que a su derecha se podía observar el Salar de Uyuni. Era un espectáculo nunca experimentado por Sebastián. El sol se reflejaba en la infinita blancura de ese desierto, donde en algún rincón habitaba aquel brujo a quien iba a encontrar.

Ya en tierra firme, todos los turistas fueron llevados en un minibús a un sector donde unas vagonetas, todas de marca Toyota 4X4 los esperaban para su paseo por el Salar. Sebastián fue llevado de manera exclusiva en un vehículo, ya que su viaje se trataba de una investigación con destinos aun por marcar, en función a las diferentes pistas que fuese encontrando sobre el paradero de brujo.

Ya en el interior del vehículo, Sebastián le preguntó al conductor, guía y traductor de nombre Jorge:

– ¿Cuál es la ruta y cómo se plantea el viaje?

Tras unos segundos, él respondió: tengo instrucciones de llevarlo a buscar a una persona, pero sin descuidar la ruta habitual, vale decir, visitar el cementerio de trenes, la isla de sal, el paso por Colchani, la visita al monumento Dakar y la plaza de banderas. Además de pasar por los "ojos del salar", en donde el desierto "llora" a través de diversos hoyuelos del suelo, y hay cristales de sal muy bonitos para el recuerdo. El almuerzo, en la Isla de Sal Incahuasi. Continuaremos al atardecer para tener una experiencia única y poder ver el declive del sol a través de los denominados espejos de agua, para finalmente llegar al hotel de sal. Ya en la noche, retornaremos al salar para la experiencia "Vía Láctea".

Evidentemente, realizaron todo ese maravilloso recorrido y ya en la noche, muy cansados pero maravillados, tuvieron una interesante conversación. Echados boca arriba uno al lado del otro, Jorge le pidió a Sebastián que se despojara de todas sus creencias y de manera simple observara la noche.

Fue entonces que, en medio de aquella absoluta obscuridad y silencio, debido a lo que conocemos como la ausencia de la contaminación lumínica que hay en las urbes, de manera mágica en un solo instante, las pupilas de Sebastián aumentaron treinta veces su tamaño, cuando advirtió un espectáculo maravilloso: doscientos mil millones de estrellas, agrupadas en una espiral ovala, que flotaban como rubies, zafiros, brillantes y gemas preciosas en medio del azul cosmos. Se trataba de la Vía Láctea, que se mostraba desnuda como en la luna de miel que celebran dos amantes, una fiesta visual impresionante en medio de aquel desierto de sal, ya muy de noche.

Pensó: la creación está llena de millones de estrellas brillantes y cálidas que parecen flotar en el aire como un río de luz. Aquel rio de luces se extendía a lo largo del infinito como una banda de polvo y gas cósmico, formando una hermosa curva que se encrespaba a lo largo de aquel firmamento mudo, pero resplandeciente.

Mirando con atención, podía ver sombras de grises y plateados, como si fuera un paisaje pintado en el nirvana. En algunos lugares, se alcanzaba a ver radiantes puntos de luz, que eran probablemente estrellas jóvenes.

Aquel espectáculo verdaderamente impresionante de la naturaleza fue para Sebastián una de las cosas más hermosas que pudo haber visto en su vida. El corazón le palpitaba de una manera inusual, haciéndose saber dentro de su pecho.

Jorge le dijo: esto no solo es un recordatorio de la inmensidad del universo y de nuestro lugar en él. También significa que, a pesar de que en las ciudades no puedas visualizar la Vía Láctea, no puedas ver ni sentir su grandeza, ella siempre está ahí. Al igual que nuestros dones, nuestra mejor versión, todo lo bueno que descansa en nuestros corazones. La contaminación lumínica de las ciudades representa la contaminación social, el miedo, los traumas, los dolores del alma, nuestros pecados, y todo el aprendizaje absurdo que nos separa de lo mejor de nosotros, de nuestra esencia. Sin embargo, no porque no veamos la Vía Láctea, o lo mejor de nosotros, no significa que no existe. Basta con respirar, enfocarnos y saber que está ahí. Podemos sacar o despertar el poder que radica en lo más íntimo de nuestros corazones. Para ello, solo detente en el tiempo, ingresa a tu interior, aprende a escuchar a tu corazón, ama todo lo que haces, sigue tu pasión, equivócate sin recriminarte por la caída, para poder crecer. Y por sobre todas las cosas: confía en ti, en tu poder personal, que al igual que la Vía Láctea siempre estuvo ahí. Todo estará bien. Tú puedes, siempre pudiste, no pasa nada.

Para visualizar, sentir y comenzar a utilizar tu poder, el secreto es: respira, deja que la contaminación se disipe, sigue respirando, siente la vida, cree en ti, confía en ti, toma conciencia de tu respiración, deja ir todo aquello que no es útil para resolver en este momento, visualízate en paz, en balance, busca la solución en la claridad del corazón de tu Vía Láctea.

Estas palabras sorprendieron al curioso Sebastián. No esperaba recibir un regalo tan potente, en medio de ese mar de sal a medianoche, de un humilde conductor. Pensó para sí mismo: todos somos maravillosos, solo falta vernos al espejo con el corazón, aprender a ver "al otro" desde nuestra sencillez, y la magia surge. Estas palabras retumbaron en la cabeza de Sebastián, al tiempo que regresaban caminando hacia el hotel de sal para descansar y emprender el viaje en busca del Brujo de la Sal.

Al día siguiente, a las 5 de la mañana, abandonaron el salar para poder observar un acto de amor entre la tierra y el sol. En medio de esa inmensidad blanca, los colores del cielo comenzaron a entremezclarse tal cual un balde con pinturas. De un oscuro profundo, comenzó a mutar a un violeta fugaz sobre un rojo tenue con líneas de un intenso tono azul, de donde nacían rayos dorados que se reflejaban en un colosal espejo que cubría toda la superficie del inmenso salar, dando lugar a un instante orgásmico entre la naturaleza y la percepción de aquel excitado Sebastián. En ese instante, una poderosa sensación energética invadió su cuerpo, mente, alma y espíritu.

Luego, siguieron viaje en una Toyota del año 98. El paisaje se ponía desértico, arenoso y hermoso en un nuevo concepto, era un cambio radical. Parecía un viaje a marte, júpiter o quizá la luna.

En busca del Brujo de la Sal, llegaron a Julaca, un minipueblo fantasma en donde se puede comprar en su única tienda seis variedades de cerveza. Su próxima parada fue para tomar fotos en un mirador espectacular con vistas al famoso Valle de las Rocas. Siguieron su aventura pasando por muchas lagunas rodeadas de áridas pampas y volcanes nevados, con flamencos rosados, bosques de piedra e incluso un árbol de roca que deslumbró a Sebastián.

Justo pasando la famosa Laguna Colorada, se podía divisar el pico de un cerro no muy grande. Se detuvieron y Jorge explicó que a partir de ese momento tendrían que seguir a pie por un sendero entre rocas con una fuerte pendiente para poder llegar a la cabaña del Brujo de la Sal. Sacaron todos los equipos especializados para poder pasar una noche en carpa a 15 grados bajo cero, que suele ser la temperatura en esa época del año.

El color rojizo de las empinadas pendientes, la escaza vegetación, la fuerte corriente de agua transparente humeante con olor a azufre... Es difícil describir lo que Sebastián podía observar en aquella caminata agotadora, con vientos andinos que resonaban como cánticos de los ancestros en sus oídos, como dando la bienvenida a la casa del gran brujo. Ya al atardecer, divisaron una cabaña de adobe y techos de paja, con unas llamas domesticadas y unos sembradíos de diferentes vegetales propios de esa zona altiplánica.

Conversaciones con Ernesto, el Brujo de la Sal

Sebastián entregó, en señal de respeto, aprecio y admiración, un paquete de inciensos, un gran pedazo de queso y un reloj de arena adquirido en uno de sus viajes por el oriente. Aquel anciano altiplánico, cuyo atuendo no era nada distinto a cualquier otro habitante del lugar, un ch'ullo (gorra de lana tejida a mano en forma cónica) multicolor, poncho de alpaca, pantalones oscuros y abarcas (sandalias de cuero), un rostro ancestral lleno de arrugas, el cachete abultado por su acullico (bola de hojas de coca maceradas en la boca), una sagrada y antigua tradición andina.

En aquella fría noche altiplánica, con toda la Vía Láctea de testigo, una fogata adornaba la mística escena. El crujir de ramas secas que ardían como si se tratase de un ritual de bienvenida al forastero viajante, aquel humo que tomaba variadas formas, una intensa fragancia que se desprendía de las diferentes especias de ramas secas, mirra, y otros insumos que el brujo había preparado para la visita, todo creaba una escena única e intensa.

Ansioso por comenzar con su batería de preguntas, Sebastián pidió permiso para grabar la entrevista, e iniciaron las preguntas y respuestas:

– Estoy investigando sobre el Cóndor de los Andes, el ave más grande y longevo de su especie. ¿Cuál cree usted que sea el secreto de su fortaleza?

El Brujo de la Sal le respondió: es una energía bien administrada, a la que los humanos le llaman "voluntad", la capacidad de sublimación de la pulsión de muerte.

– No entiendo… dijo Sebastián.

– En la cosmovisión andina, la sublimación se refiere a un proceso psíquico de transformación de la energía negativa en positiva, que permite encontrar la armonía y equilibrio en el ser. Es una técnica de defensa natural que ayuda a enfrentar situaciones de estrés y tensión emocional. Por otro lado, la pulsión de muerte se entiende como una necesidad fundamental que tienen los seres vivos de volver a la naturaleza, a su estado original de energía. Esta pulsión se relaciona con el ciclo de la vida y la muerte, y se considera como un proceso natural e inevitable en el universo andino. Entonces, el poder de la voluntad es la fuerza, energía o actitud con la que el cóndor acepta el desafío tanto de la vida como la muerte, donde cada segundo, paciente, vive consiente en cada rincón de los Andes.

– Pero ¿cómo es que se construye esta energía, o fuerza, o como quiera que le llame?

– Para construir y administrar esta energía, hay ocho pasos que el cóndor aprende a desarrollar en su deseo por fortalecer su voluntad. Estos aspectos también son conocidos por los humanos, sin embargo, son olvidados muy fácilmente en su agitado mundo de progreso, sobrevivencia descarnada, violencia, envidia, desolación, angustia, extravío, ausencia de respeto y valores, esperanza, buena voluntad y fe.

– ¿Podría explicarme un poco más sobre esto que acaba de decirme? Preguntó Sebastián.

El Brujo de la Sal comenzó su interesante exposición, teniendo como público a un asombrado, agradecido y desorbitado huésped. Y dijo:

– La voluntad es:

- ✓ Una fuerza poderosa que todos los cóndores tienen en su interior desde que nacen hasta que mueren, y les permite combatir la muerte por siete décadas aproximadamente.
- ✓ La potencia que los acompaña a tomar decisiones, establecer metas y luchar por alcanzarlas.
- ✓ La energía que les impulsa a seguir adelante, a superar obstáculos y a no rendirse ante sí mismos y ante las dificultades de su entorno.

En resumen, es fuerza, energía y potencia. La voluntad es fundamental para lograr resultados positivos y crear la realidad que desean.

A diferencia de los humanos, el Cóndor de los Andes sabe y entiende que es el único responsable de su destino. En pleno uso de su libertad, es consciente de su "ajayu" o poder de su voluntad. Es la suma de sus debilidades y fortalezas, y vive frontalmente aceptando sus oportunidades y estudiando fríamente sus amenazas.

En ese momento, Jorge le tradujo la palabra "ajayu", que significa "alma", "espíritu", "energía interior que tiene conexión con nuestros ancestros".

El anciano continuó: el Cóndor de los Andes construye el poder de su voluntad, siguiendo paso a paso las nueve órdenes poderosas: el aprendizaje, la atención plena, la visión, la misión, la disciplina, el enfoque, la perseverancia, la templanza y la integridad. Ejercer estas órdenes es vital para no solo construir, sino mantener el poder de su voluntad, con el que logrará su longeva vida.

El aprendizaje le permite adquirir nuevos conocimientos y habilidades de cada evento en su vida, aprendiendo tanto de los éxitos como de sus fracasos. Por algo es el animal de su especie más sabio y longevo de la tierra.

La atención plena le permite estar en el aquí y ahora, consciente de su cuerpo, viviendo saludablemente, utilizando su energía de manera más eficiente, viviendo enfocado solo en su presente sin preocuparse por el futuro, aceptando y dejando atrás el pasado.

La visión le permite soñar en la meta final. Llegar con sabiduría a sus setenta años bien vividos.

La misión le ayuda a establecer su razón de ser y tener un propósito más grande que su propia vida.

El enfoque es fundamental para lograr sus resultados positivos, ya que le permite concentrarse en sus prioridades y objetivos más importantes para evitar que se generen urgencias, eliminando distracciones innecesarias.

La perseverancia le ayuda a no rendirse ante las adversidades y a seguir intentándolo.

La templanza le permite mantener la calma mientras muta sus plumas, garras y pico, además de tomar decisiones lógicas y racionales incluso en situaciones de riesgo y estrés.

Finalmente, la integridad es clave para utilizar todo su aprendizaje de manera efectiva. Para los humanos significa sus valores, ser honestos con sus propios límites y recursos, tomar decisiones correctas que no vulneren su propia integridad. Por ejemplo: no ingerir alimentos que perjudiquen su integridad física, mental y su propio "ajayu".

El asumir y practicar estas nueve órdenes poderosas no solo impactan en su mente, sino que impactan en su salud, su biología, otorgando a su cuerpo el balance ideal para un buen vivir. El cóndor ha aprendido el arte de la denominada inteligencia emocional, ya que sabe controlar sus percepciones. Alejado de la contaminación social de las ciudades, desarrolla cierta espiritualidad al sentirse parte, un eslabón más, de la naturaleza. Respetuoso y silencioso, en gratitud con el universo por este instante de setenta años donde existe, viviendo en libertad, contribuyendo con su existencia al equilibrio global de la naturaleza, para luego retornar al origen. Por lo tanto, es importante entender que el cóndor siente, vive y ejerce una voluntad fuerte y desarrollada constantemente a través de los años.

En conclusión, la voluntad es la fuerza poderosa que le permite controlar y alcanzar sus objetivos en su longeva vida. Desarrollar su voluntad constantemente le ayuda a mantener una mente fuerte y disciplinada, tener un impacto positivo en las cuatro dimensiones de su vida (su cuerpo, mente, alma y espíritu). El cóndor sabe por instinto que es el único responsable de su realidad y de cómo utilizar su energía, llamada voluntad. Así que ha asimilado a lo largo de su evolución el saber aprovechar al máximo su poder y no subestimar su importancia.

En pleno altiplano andino, al calor de una fogata, el romero, la mirra y la intensa fragancia de yareta (o Azorella), un arbusto nativo de las regiones altiplánicas conocido por su apariencia similar al musgo, le daban a Sebastián una experiencia mística en su investigación. El maestro había presentado toda una tesis sobre la voluntad del Cóndor de los Andes y sus pilares fundamentales. Sin embargo, a Sebastián le picaba la lengua para una pregunta más, con la que darían por terminada la entrevista.

– Maestro, desde su visión andina, ¿qué puede decirme sobre el amor?

Con el rostro arrugado, lo ojos apesadumbrados, los labios verdes por la tradición de acullicar coca, dijo al fin en su idioma natal aimara: *Andino uraqpachan uñjatanakatakix munasiñax mä jamuqawa, ukax pä jaqin munasiñat sipans juk'ampiwa. Ukaxa taqi kasta jakawiru puriraki, pachamamaru, jaqinakaru, uywanakaru ukhamaraki ajayunakaru.*

Uraqpachan uñjawipanxa, munasiñax mä ch'amaw amuyasi, ukax universo ukan jaquqaniwa, ukat taqi jakirinakaruw mayachthapi. Aka ch'amaxa "munay" satawa, ukaxa mä ch'amawa uñjasi, ukaxa taqi jaqinakaru jaktayaraki.

Ukhamarus, andino uraqpachan uñjawipanx munasiñax ayllunkirinakaru ukhamarak pachamamaru uñjañamp jark'aqasiñampiw uñacht'ayasi. Ukax taqi kunatix muyuntat utjkistu ukanakar respeto uñacht'ayañawa ukat mä thakhiw jaqi masimp ukhamarak jaqi masimp chikt'atäñanx armonio ukat equidad ukar yapuchañataki.

Mä juk'a arumpixa, munasiñax andino uraqpachan uñjawipanx janiw mä munasiñamp sarnaqañakikiti, jan ukasti mä jamuqawa, ukax taqi jakäwiruw puri, ukatx ayllun ukhamarak pachamamar uñjañamp jark'aqasiñampiw uñacht'ayasi.

Inmediatamente, el traductor dijo: Para la cosmovisión andina, el amor es un sentimiento que va más allá de la relación romántica entre dos personas. Se trata de un sentimiento que se extiende hacia todas las formas de vida, incluyendo a la naturaleza, los seres humanos, los animales y los espíritus.

En la cosmovisión andina, el amor se entiende como una energía que fluye a través del universo y conecta a todas las cosas vivas. Esta energía se llama "munay" y se considera una fuerza vital que anima a todos los seres.

Además, el amor en la cosmovisión andina se expresa a través del cuidado y la protección de la comunidad y la naturaleza. Es una actitud de respeto hacia todo lo que nos rodea y una forma de cultivar la armonía y la equidad en las relaciones interpersonales y sociales.

Finalmente, el Brujo de la Sal dijo, para cerrar la entrevista:

Deseo de todo corazón que la Pachamama cuide de ti y de tu familia. Que cada decisión que tomes lleve la esencia de tus valores. Que por ningún motivo dudes de tu valor propio, de quien eres, de lo que sabes, de lo que amas, de lo que sueñas, de lo que haces y para quien lo haces.

Si te equivocas, no pasa nada, el miedo no mata, solo enseña la mejor lección. Si caes te levantas, te limpias y sigues sin mirar atrás.

Si te defraudan es solo cuestión de percepción versus expectativas, hay mucha materia prima en el planeta para creer que tu pequeño pedazo de realidad es toda la verdad. Llora, luego ríe y luego sigue. La vida es muy corta para detenerte tan solo un segundo.

Tú eres importante, tú puedes, tú eres único, muy valioso, no solo para ti, sino también para muchos.

Enamórate de ti mismo como nunca lo habías hecho por nadie, vive apasionado, el mejor romance que puedas. Haz ejercicios, come saludable, aléjate de todo aquello que no te suma valor. La vida es hoy.

Finalmente cuídate mucho de ti mismo, eres el único al que debes superar cada día, para lograr todo aquello que vive al otro lado de tus sueños.

Ya de regreso a Uyuni para tomar un vuelo con destino a Brasil, Sebastián meditaba e intentaba darle sentido a lo que había experimentado. Y las preguntas que invadían su presente fueron: ¿Qué relación podía encontrar entre voluntad y amor? ¿Acaso el amor es la fuente de energía primaria para que la voluntad pueda tener sentido? ¿Acaso la voluntad es una energía que, para ser encendida, necesita de amor? ¿Cómo los humanos normales pueden aprender a usar estas dos poderosas fuerzas milenarias para mejorar el nivel de calidad de vida en este corto trayecto al que conocen como "vida"?

Sao Paulo

Después de aterrizar en el Aeropuerto Internacional de São Paulo-Guarulhos sin ningún contratiempo, Sebastián tuvo tres días para descansar en la ciudad antes de continuar su viaje hacia Manaos, el corazón de la Amazonia brasileña.

Durante ese tiempo, aprovechó para conocer la maravillosa ciudad de doce millones de habitantes. Recorrió la avenida Paulista, el centro financiero, económico y cultural de São Paulo, y experimentó la energía que emanaban los artistas callejeros que deleitaban a los transeúntes con sus talentos. También tuvo la oportunidad de degustar varias cervezas artesanales, que le permitieron descubrir los misterios y la magia ancestrales detrás de la elaboración de estas bebidas espirituosas. Además de saciar su sed, estas cervezas crearon un vínculo emocional con el momento que quedaría arraigado en su memoria.

La simetría impecable de la arquitectura de los edificios no contrastaba con el encanto de la gente, lo que le permitía experimentar un momento de intensa felicidad. El corazón se desbordaba de gozo y satisfacción por la amabilidad y carisma de los paulistas, seres humanos carismáticos y educados que mostraban una sensación de deleite solo por estar vivos. Pensó para sí mismo: "es extraño ver a tantas almas felices al mismo tiempo".

No podía concluir su experiencia sin visitar una famosa librería en plena avenida Paulista. Al ingresar, sintió que su alma se llenaba con el bálsamo de las letras y el café. Le impresionó ver decenas de personas en silencio y obras de diversas editoriales, tanto brasileñas como extranjeras, en todos los idiomas, en un ambiente templado e ideal para comenzar lecturas interminables en cualquiera de sus cómodas instalaciones modularmente ubicadas en aquella bóveda de más de tres pisos.

Como era de esperar, Sebastián aprovechó la oportunidad para comprar un libro que había deseado por mucho tiempo: "Poder sin límites", de Anthony Robbins.

La sorpresa de Sebastián fue enorme cuando descubrió que uno de los lectores de la librería era Paulo Coelho, un afamado escritor brasileño conocido por sus novelas policiales, místicas y de autoayuda, y uno de los autores más exitosos del mundo. Coelho ocupa el puesto número 21 en la Academia Brasileña de Letras. Al sentarse en la misma mesa que la celebridad, Sebastián se emocionó tanto que le costaba respirar. Sin embargo, el profesor Coelho lo miró amablemente y sonrió al ver el libro que tenía en sus manos. A partir de ese momento, entablaron una agradable amistad de biblioteca. Antes de despedirse, Sebastián hizo la pregunta obvia: "Maestro Coelho, ¿a qué se debe que las personas aquí en Brasil sean tan amables?" El escritor respondió: "Aquí hablamos como si fuéramos mejores amigos, jugamos como niños, discutimos como parejas y nos protegemos como hermanos. Es parte de nuestra cultura."

En su camino al aeropuerto, Sebastián reflexionó sobre las palabras del maestro Coelho y se preguntó cuál era el secreto de la alegría, un patrimonio reconocido de la gente de Brasil, cuya manifestación máxima se evidencia en el carnaval. ¿Podría ser que, en sus orígenes históricos de esclavitud, hubieran desarrollado un antídoto individual para revertir situaciones críticas con una poderosa actitud positiva que nace del corazón y se sobrepone ante las adversidades más duras, como parte de su cultura?

Amazonas

Al día siguiente, ya en Manaus, Sebastián y su guía-traductor João partieron del puerto en una frágil embarcación. El placer que experimentaba al estar echado en su hamaca era extrañamente diferente a todo lo vivido hasta entonces. Sentía que volaba en la inmensidad amazónica. Los árboles cobijaban toda clase de animales. Jaguares, pumas y monos adornaban las orillas, donde también se alcanzaba a ver tortugas acuáticas y terrestres, caimanes, cocodrilos e incluso una anaconda. La majestuosidad de la corriente lo embargaba mientras el día se sumía en una metamorfosis de colores que fluían del celeste al dorado rojizo. Mil chispas brillantes se cobijaban en el agua al compás de los cánticos de guacamayos y tucanes que se transportaban en el aire húmedo con sabor a selva, en medio de un intenso calor.

Continuaron su viaje dejando atrás la frontera de Brasil en busca de la tribu denominada los Tupí-Cocama de la Amazonía peruana, para llegar al origen del misterio en el poblado de San Rafael. Sin embargo, minuto a minuto aquella magia exuberante desaparecía para dar lugar a un extraño ambiente. Todo comenzó con el caudal del río de ciento ochenta metros de ancho, que parecía una serpiente furiosa que se retorcía. El cielo comenzó a oscurecer más de lo normal, y el habitual canto de los tucanes y guacamayos dejó de proporcionarle ritmo al viaje, para dar lugar a escalofriantes relámpagos y truenos que enfurecían al gran río. De un momento a otro, una gran tormenta tropical estremeció la débil embarcación. Las turbulentas corrientes del río sobrepasaban las expectativas de Sebastián, quien comenzó a sentir que el alma se le salía del cuerpo. El miedo lo paralizó al escuchar el grito de João indicándole que cogiera un chaleco flotador. En medio de ese caos, el dueño y capitán de la nave instruyó a João que subieran al bote salvavidas de manera urgente y que se resguardaran en la orilla lo antes posible, toda vez que era muy posible que la tormenta pusiera en riesgo la nave y sus vidas. João acompañó a Sebastián hasta el pequeño bote, y encendiendo aquel motor fuera de borda de un solo tirón, partieron rápidamente y con mucha dificultad en una marea de agua dulce, oscura y furiosa hacia la orilla. Minutos después, la embarcación, sus luces, su ruidoso motor, el amable capitán con sus sueños, penas, esperanzas y recuerdos de su familia, así como la mochila viajera de Sebastián con sus libros y apuntes, desaparecieron para siempre en las entrañas del Amazonas.

Quedar a la deriva en los misteriosos cursos del alto Casiquiare, territorio inhóspito perteneciente a la cultura orinoquense Dearwa (también llamada Piaroa), les había hecho perderse en las márgenes. Después de despertar con un fuerte mareo, Sebastián y João se encontraron amarrados a un árbol en medio de una gran choza construida con chonta. El canto de los diversos animales y el intenso olor a selva invadían el corazón de Sebastián con un sentimiento de incertidumbre, expectativa y miedo al percibir a un brujo realizando un ritual de desinfección con vapores para alejar toda clase de espíritus malignos de aquellos extraños.

João, el guía más tranquilo y conocedor de las costumbres, se presentó con respeto e informó al chamán que acompañaba al viajero en busca de la sabiduría de la "tierra sin mal". El chamán desamarró a los recién llegados y comenzó una interesante conversación sobre los misterios celosamente protegidos por el "gran río" y las tormentosas fuerzas amazónicas.

Sebastián, sin saberlo, estaba frente al brujo padre de Tupí-Cocamas de Perú, actual descendiente de los Tupí-Guaraní procedente de Brasil, guardián del mito de la tierra sin mal. El brujo padre comenzó a relatar en su dialecto: "Mis ancestros, padres y dueños de estas tierras, nunca permitieron ser retenidos en su patria. Su constante deseo de explorar toda la inmensidad, en búsqueda de la inmortalidad y el descanso perpetuo, los encaminó hacia el corazón de la madre selva donde se encuentra el origen del todo, la tierra sin mal. Los pueblos errantes la buscaron desde los inicios de la historia. El corazón de la selva, el lugar donde existe la tierra sin mal, está custodiado por un espíritu maligno que vive en cada hombre, al que llaman Coco".

El sacerdote explicó que la tierra sin mal es una metáfora que representa el amor, que la muerte representa un cambio de nivel de vibración en la materia y que la vida representa un corto camino, la oportunidad de evolucionar o no. El bien y el mal se encuentran en el corazón de la selva para convencer sobre sus razones al amor. La selva representa al hombre y a la mujer, y el misterio del bien y el mal habita en el corazón de estos. Dependerá de cuánto amor han podido desarrollar durante sus vidas para darle mayor o menor cabida al bien o al mal. El amor es el misterio y la fuente de luz, es el origen y fin de nuestra existencia, le dijo el sacerdote al viajero.

En pleno vuelo de Iquitos a Lima, rumbo a su próximo destino, Sebastián no dejaba de reflexionar sobre su extraña experiencia y sacar conclusiones mientras sentía asombro por lo que había vivido.

A 42.000 pies de altura, surgieron nuevas interrogantes en su mente:

- ¿Dónde se encuentra el amor?
- ¿Qué es realmente el amor?
- ¿Todos llevamos en algún lugar de nuestro corazón esa "tierra sin mal" que, posteriormente, es avasallada por nuestras costumbres, vicios, miedos, cultura y usanzas?
- ¿Podría ser Coco, mi propia incompetencia, esa parte de mí que me aleja de mí mismo y que no me permite salir de mi zona de confort, produciendo una sensación de impotencia que me hace creer que no tengo el poder de mejorar mis circunstancias?
- ¿Acaso Coco no conoce el amor?

Si he aprendido que esto es así, ¿puedo creer o afirmar igualmente que tengo los recursos y la manera de desaprender o aprender a aprender, a creer en todo lo contrario?.

¿Será Coco, mi propia incompetencia, el único ser contra el que debo luchar eternamente?

Tíbet

Con la mente puesta en su próximo destino, el Tíbet, Sebastián descansó plácidamente en un modesto hotel de Lima.

Al día siguiente, tendría que despertarse temprano para no perder su vuelo, que despegaría poco antes de las seis de la mañana. El vuelo lo mantendría en el aire durante dos días y varios transbordos, recorriendo 17.000 kilómetros desde el Aeropuerto Internacional Jorge Chávez en Lima, Perú, hasta el Monte Kailash en el Tíbet. Allí, podría participar en un rito milenario que le brindaría algunas pistas en su búsqueda de respuestas, para las cuales aún no había encontrado las preguntas correctas.

Sebastián se sentía emocionado por la oportunidad de seguir una tradición de varios siglos y realizar la conocida peregrinación al monte Kailāsh, que se encuentra a cuatro mil novecientos metros sobre el nivel del mar. La circunvalación de cincuenta y dos kilómetros alrededor del monte, que debe hacerse en la dirección de las manecillas del reloj según los hindúes y los budistas, y al revés según los jainistas y los bönpo, era un reto que esperaba con ansias. Tal vez las huellas de personas de varias generaciones y religiones que han buscado por siglos sus propias respuestas en el monte le permitirían descubrir algún rastro para construir sus propias respuestas.

Sebastián se preguntaba por qué algunos humanos se destruyen y otros logran vencerse a sí mismos. Con esta cuestión en mente, esperaba encontrar respuestas durante su peregrinación alrededor del monte Kailāsh, en un ambiente ideal para la búsqueda de respuestas en pleno mes de julio, cuando las temperaturas oscilan entre cero y quince grados.

Mientras avanzaba en su peregrinación, Sebastián reflexionaba acerca de las creencias del hinduismo y el budismo, las cuales incluyen la creencia en el cielo y el infierno. Según él, el cielo estaría relacionado con conceptos como la felicidad, la plenitud y el goce, mientras que el infierno estaría vinculado con el miedo, el rencor, el odio, la ansiedad, la pena, la incertidumbre, la flojera y la envidia. Consideraba que la luz representa el conocimiento y la oscuridad la ignorancia. Para Sebastián, la vida es una búsqueda eterna en la que el amor es el motor que mueve cada latido de un corazón. Si esto fuera así, la vida representaría cada uno de esos pasos en busca de respuestas, lo que simboliza que la búsqueda tendría lugar con sus propios métodos desde hace siglos. Para él, el cielo no estaría fuera de nosotros ni después de la muerte; el cielo y el infierno serían parte de nuestra propia vida, y tendríamos la oportunidad de participar en algo más grande que nosotros mismos, lo que quizá representaría la oportunidad para encontrar nuestro propósito.

Recordé una frase que escuché en uno de mis trabajos cuando era joven: "No solo es posible reinventarnos, sino que es necesario para sobrevivir ya sea en el plano profesional, personal o social". También recordé que alguna vez había leído algo de Alvin Toffler que decía que los mercados evolucionan y llegaría lo que él denominó la era de la súper industrialización. Las empresas que no se reinventen, perecerían como los viejos dinosaurios que no pudieron mutar sus sistemas respiratorios a la velocidad necesaria para sobrevivir al cambio climático de su época. Para ello, se necesitan gerentes flexibles capaces de entender y reconocer la velocidad del cambio para poder cambiar o reinventarse oportunamente. La vida es una constante evolución y mudanza de situaciones donde aprendemos a tomar decisiones para vivir en el cielo o salir del infierno. Los cambios suceden a cada segundo y nos alejan o acercan a nuestro propósito. Solo si crees que es posible, existe la posibilidad de lograrlo, murmuraba.

Sebastián meditaba a cada paso: el problema parece ser que soy yo mismo, el que, afectado por algún deseo interno, me saboteo y decido no creer que es posible. O en algunos casos, desconozco lo que necesito saber.

Un pequeño instante en que sucede algo, un pensamiento apalanca la creencia de que es posible y todo podría comenzar de repente. Solo hace falta detenerme frente a la rutina de mi vida, respirar profundamente y observar las cosas desde una perspectiva diferente a la rutina diaria. Intentando escuchar el silencio, quizá sintiendo miedo y tal vez pudiendo creer que todo lo bueno y malo que me pasa en la vida, en algún momento terminará y será parte de mi proceso de aprendizaje. De repente, cuando el frío de una leve brisa del camino enfría los pómulos de Sebastián, vienen a su mente las palabras de su abuelo: "Lo que no te mata te hace más fuerte, pero debes vivir la experiencia y aprender de ella. De lo contrario, habrá sido solo dolor". Su abuelo le repetía todo el tiempo: "Racionaliza tus emociones", un viejo truco para salir del miedo paralizante en la vida.

Mientras se acercaba a la cumbre, a Sebastián le vinieron a la mente las palabras de Facundo Cabral: "Perdónate, acéptate, reconócete y ámate; date una nueva oportunidad. Recuerda que tienes que vivir contigo mismo para siempre". Se preguntó si la idea de que nacemos sin saber hablar, escribir o caminar podría servir como ejemplo para inspirarnos a luchar por seguir aprendiendo y alcanzar nuestras metas.

Recordó las palabras de su profesor de filosofía, quien le repetía a menudo: "El placer de la vida no está en la meta, sino en el camino. Si nos caemos, nuestra mente nos ofrece dos opciones: no hacer nada y dejarnos morir o levantarnos y seguir adelante". Después de una larga caminata, llegó la noche y pudo descansar tranquilamente antes de partir hacia su siguiente destino, agradecido por la hospitalidad de la montaña que lo había acogido.

Nepal

Al día siguiente, llegó a Katmandú, Nepal, y tras salir del Aeropuerto Internacional, negoció el precio de un taxi que lo llevaría a Thamel, un mercado donde podría comprar algunos recuerdos. En medio del tráfico y la multitud de vendedores ambulantes, un vendedor de libros se acercó a su ventana ofreciéndole varios libros antiguos. A pesar de las advertencias del conductor, Sebastián no cerró su ventana y descubrió un viejo libro del científico Paul D. MacLean, un médico y neurocientífico estadounidense que hizo importantes contribuciones en los campos de la psicología y la psiquiatría. Su teoría evolutiva del cerebro triuno sostiene que el cerebro humano en realidad está compuesto por tres cerebros en uno: el cerebro reptiliano, el sistema límbico y la neocorteza.

El cerebro reptiliano se encarga de regular las funciones básicas de supervivencia, como la homeostasis (la capacidad del organismo de mantener una condición interna estable). El sistema límbico permite que las funciones básicas del cerebro reptiliano interactúen con el mundo exterior, lo que se manifiesta en la expresión de las emociones en general. Por ejemplo, el instinto de reproducción interactúa con la presencia de un miembro atractivo del sexo opuesto, lo que genera sentimientos de deseo sexual.

La neocorteza está implicada en funciones cerebrales superiores, tales como la generación de órdenes motoras, el control espacial, la percepción sensorial, el pensamiento consciente, la imaginación, el juicio y la toma de decisiones, y también el lenguaje en los seres humanos. En resumen, se podría decir que la neocorteza es el cerebro de la racionalidad.

Esta descripción llevó a Sebastián a deducir que los seres humanos podríamos tener tres dimensiones o explicaciones para entender nuestra realidad, y por ende reaccionar en consecuencia, dependiendo de qué parte de nuestros tres cerebros hayan sido más utilizados en su proceso de crecimiento y aprendizaje. El simple hecho de conocernos a profundidad como entidad pensante puede ayudarnos a manejar mejor nuestras acciones, lo cual resultaría en un mayor nivel de productividad personal. Para ello, será necesario hacernos un diagnóstico con profesionales y utilizar los medios necesarios.

Sebastián seleccionó de inmediato un libro y, sin embargo, también le llamó la atención otro libro relativamente nuevo, aparentemente olvidado por algún turista y "encontrado" por este vendedor callejero, cuya edición era del mismo año. El título era "Más rápido es mejor" de Charles Duhigg. Abrió las hojas del descuidado libro en la página veinticuatro y alcanzó a leer algo muy interesante y oportuno para este momento: "Algunos libros de autoayuda y manuales de liderazgo definen la automotivación como una característica de nuestra personalidad o como resultado de un cálculo neurológico en el que, inconscientemente, valoramos esfuerzos contra beneficios. Pero los científicos afirman que la motivación es una habilidad como leer o escribir, que se puede aprender y perfeccionar. Uno de los prerrequisitos para la automotivación es sentir la certeza de que tenemos autoridad sobre nuestras acciones y nuestro entorno. Es decir, para motivarnos, es necesario sentir que tenemos el control. Cada elección, por menor que sea, refuerza la percepción de control y eficacia personal. Una forma mediante la cual podemos probar que tenemos el control es tomando decisiones, lo que nos da un sentido de autonomía y determinación".

Sebastián decidió comprar ambos libros de inmediato. La lectura de "Más rápido es mejor" dejó a Sebastián muy contento al percibir que el autor proponía que la motivación es una habilidad que se puede aprender, lo cual era definitivamente la pista que estaba buscando para construir una de sus respuestas.

Regresando totalmente exhausto de esa maravillosa expedición, pensé en la importancia del aprendizaje constante y el ejercicio para una vida saludable. Cultivar una mente proactiva es una cuestión de actitud y, sobre todo, de acción. Sin embargo, no todos tenemos estos hábitos arraigados al tratar de mantener una familia, trabajo o profesión, y a veces nos dejamos atrapar por la rutina. Aunque nuestros genes juegan un papel importante en nuestras capacidades, muchos científicos están de acuerdo en que podemos cambiar nuestros hábitos y actitudes para mejorar nuestra calidad de vida. El filósofo romano Séneca afirmaba que podíamos cambiar nuestro presente cambiando nuestras creencias".

Desde la ventana del avión, el paisaje era impresionante. El sol brillaba sobre la nieve de las cumbres, lo que me hizo suspirar como despedida de esa experiencia que me proporcionó información para mi investigación sobre la productividad humana.

India

Durante un vuelo desde Nepal hacia India, Sebastián conoció a una encantadora mujer de aproximadamente setenta años con abundante cabello plateado, una sonrisa amable y una personalidad encantadora. La mujer se presentó como Ellen J. Langer, una doctora y psicóloga social estadounidense que había viajado a Tíbet como parte de su propósito de vida. Langer es conocida por afirmar que "Tener una actitud positiva conlleva más beneficios que todo lo que se puede conseguir bajando la tensión arterial o reduciendo el colesterol. Mientras que el ejercicio y comer bien son importantes para la salud, nuestras actitudes sobre lo que significa estar sano pueden ser incluso más cruciales".

Langer recibió su doctorado en psicología social y clínica en la Universidad de Yale en 1974 y se convirtió en la primera mujer en ser nombrada catedrática de psicología en la Universidad de Harvard en 1981. Durante el vuelo, Sebastián imaginaba todas las posibles conversaciones que podrían tener durante la hora de vuelo que quedaba por recorrer.

Al darse cuenta de que una hora era mucho tiempo y de que no era muy cortés ocupar todo su tiempo, Sebastián decidió hacer solo una pregunta. Interrumpió la tranquilidad de la amable mujer con su pregunta:

"Disculpe, doctora Langer, ¿por qué cree usted que tener una actitud positiva puede hacer la diferencia en el éxito de las personas?"

Langer lo miró a los ojos y expresó una sonrisa cómplice antes de responder: "No puedes dar lo que no tienes. Una acción provoca una reacción, cosechas lo que siembras. Si le das a tu ser un segundo de energía positiva, el universo responde de la misma manera".

Después de su respuesta, Langer volvió gentilmente a su posición para dormir lo que quedaba del vuelo. Para Sebastián, la respuesta de Langer fue más que suficiente.

Vrindavan es una ciudad en el distrito de Mathurá, ubicada en el norte de la India, donde Sebastián busca encontrar respuestas. A solo quince kilómetros al norte de la ciudad de Mathurá, considerada el lugar de nacimiento de Krishna, ambas ciudades están ubicadas en las orillas del sagrado río Yamuna. Vrindavan cuenta con cientos de templos dedicados al culto de Radha y Krishna y es considerada un lugar sagrado por muchas tradiciones religiosas, como el vaisnavismo y el hinduismo en general.

El templo de Madan Mohan es el templo más antiguo de Vrindavan, con una estructura de piedra roja y forma circular que impresiona a cualquier viajero. Este es un lugar que podría inspirar a Sebastián en su búsqueda de respuestas.

Dentro del templo, Sebastián experimentó una fragancia a cortezas secas, una temperatura fresca en comparación con el exterior y un silencio relajante que le permitió olvidar el dolor en sus articulaciones debido a la posición de meditación poco común. Observó a una mujer joven de tez morena, grandes ojos y un lunar en un costado del rostro, que lo miraba amablemente. Sebastián se acercó y le preguntó si hablaba español, a lo que ella respondió afirmativamente con una sonrisa.

"Me llamo Sebastián y vengo de un país ubicado en Sudamérica. Estoy realizando una investigación sobre la productividad humana a nivel personal. ¿Y tú qué haces aquí?", preguntó Sebastián.

La enigmática joven hindú, con voz serena y segura, respondió: "Estoy aquí para visitar a mis abuelos, acabo de regresar de una competencia de tiro con arco".

Sebastián reconoció a la joven como Deepika Kumari, quien nació en la pobreza extrema. Recordó haber leído que un día, siendo niña, buscó comida y encontró un arco. Cuatro años después, a los dieciocho años, se convirtió en la número uno del mundo en tiro con arco.

Impresionado, Sebastián le preguntó:

"¿Cómo lo lograste? ¿Qué te motivó a seguir adelante?"

Deepika Kumari respondió con humildad:

"La motivación proviene de la pasión que uno tiene por algo. Yo siempre quise escapar de la pobreza y la miseria. El arco me dio la oportunidad de hacerlo. Pero para lograr mi sueño, tuve que trabajar duro y ser muy disciplinada. Practicaba tiro con arco durante horas todos los días, a pesar de las condiciones climáticas adversas y las dificultades.

También tuve que superar los prejuicios y la discriminación, ya que provengo de una comunidad tribal marginada. Pero nunca perdí la fe en mí misma y en mi capacidad para alcanzar mi objetivo".

Sebastián reflexionó sobre la sabiduría de las palabras de Deepika Kumari y decidió tomarlas como inspiración para su propia investigación. Agradeció a la joven hindú y se despidió de ella, prometiendo seguir aprendiendo de la experiencia de otros. Con una sensación de paz y energía renovada, salió del templo de Madan Mojan, listo para continuar su búsqueda de respuestas en la mágica ciudad de Vrindavan.

Barcelona

En tanto Sebastián salía del El Aeropuerto Barcelona-El Prat Josep Tarradellas, meditaba sobre aquellas ideas que le surgían después de su último viaje: - Las personas pesimistas tienden a creer que los acontecimientos adversos durarán por largo tiempo, que afectarán todo lo que hagan y que son resultado de su propia culpa. Por otro lado, los optimistas que enfrentan los mismos obstáculos consideran que éstos son temporales o constituyen un reto y que las causas son específicas de cada caso en particular.

Sebastián no podía creer que había conseguido un boleto para la conferencia, que se llevaría a cabo en el Centre Convencions Internacional Barcelona, estaba muy emocionado por la oportunidad de encontrar una de las respuestas que había estado buscando.

Una vez en tierra y de camino al hotel, Sebastián se preguntaba si encontraría alguna pista más esa noche en su búsqueda de respuestas. Sentado en primera fila, pudo hacer realidad su sueño al observar y escuchar al doctor Martin E. P. Seligman, un eminente investigador de la psique humana y fundador de esta corriente científica.

En aquel auditorio lleno con más de trescientos especialistas, el público guardaba un absoluto silencio mientras el doctor Seligman hablaba acerca de lo que consideraba el bienestar y cómo podíamos entenderlo.

Sebastián entendió que el mensaje principal era que, en lugar de enfocarnos como lo hace la psicología tradicional en el tratamiento de la enfermedad mental, deberíamos centrar nuestros esfuerzos en descubrir nuestras propias fortalezas y aprender a disfrutar de ellas, sentir alegría, ser generosos, serenos, solidarios y optimistas.

Durante la conferencia, Sebastián pudo validar que estaba en el camino correcto, ya que lo que escuchó coincidía con su manera de pensar. Reflexionó acerca de que siempre podemos aprender cosas nuevas para mejorar, y que, a través de la repetición y la práctica, podemos lograr resultados diferentes.

Una lección importante que aprendimos de esta experiencia es que existen dos realidades: una que está fuera de nuestro control y otra que se encuentra dentro de nosotros. La clave para mejorar nuestra vida es centrarnos en la realidad que podemos controlar y trabajar en nuestros propios aspectos positivos. Sin embargo, esto no es fácil ya que la mayor amenaza somos nosotros mismos.

Para mejorar, necesitamos actuar y moverse, lo cual requiere de la voluntad y la disciplina para desarrollar nuevos hábitos positivos y dejar atrás aquellos que nos limitan y nos hacen creer que no podemos. Debemos superar nuestras viejas ideas y malos hábitos que nos han impedido alcanzar nuestros objetivos y concentrarnos en nuestras fortalezas para lograr lo que queremos.

La cuestión es cómo podemos lograr esto. Necesitamos vencernos a nosotros mismos, a nuestra peor versión y salir de nuestra zona de confort. Esto implica romper viejos hábitos y desarrollar una estrategia basada en nuestras fortalezas y disciplina. En resumen, la clave para tener éxito en la vida es trabajar en nuestras fortalezas y desarrollar la voluntad y la disciplina para superar nuestras limitaciones y hábitos negativos.

Capítulo 3 – Hipótesis

Aquí surge la hipótesis: después de nueve destinos y experiencias únicas, escribir tres cuentos mágicos nace una propuesta práctica basada en la construcción de nueve competencias o herramientas personales que, nos permitirán tomar el control de nuestro interior y activar nuestro poder de voluntad. Estas competencias son:

1) Aprendizaje
2) Atención plena
3) Visión
4) Misión
5) Disciplina
6) Enfoque
7) Perseverancia
8) Resiliencia
9) Integridad

Sin embargo, la comprensión estaba incompleta. Los viajes y cuentos le habían ayudado a Sebastián a estructurar lo que bautizó como "las cinco afirmaciones poderosas", las cuales complementarían el proyecto y que desarrolló a su manera más adelante, estas afirmaciones son:

I. *Puedo soltar el pasado*
II. *Yo tengo el control de mis decisiones*
III. *Soy responsable de las consecuencias de mis acciones*
IV. *La determinación es mi esencia*
V. *Respiro, siento, me enfoco y voy por lo que quiero*

La reflexión sobre Dios y el amor fue la clave que lo impulsó a seguir investigando y descubriendo su poder personal.

Los seres humanos formamos una trilogía existencial, somos actores, observadores y escritores del guion de nuestra vida.

I. ***Como actores***, desempeñamos nuestro papel en el escenario de la vida, siguiendo el guion que hemos escrito para complacernos a nosotros mismos o a otros.

II. ***Como observadores,*** somos testigos de la obra teatral de nuestra vida, en la que podemos experimentar una amplia gama de emociones según lo que presenciamos en el actor.

III. ***Como guionistas***, escribimos el guion de nuestra propia vida, a veces por petición de otros. De cómo el escritor/director desarrolle su historia, dependerá la experiencia de los demás en ella.

La pregunta que Sebastián plantea al lector es: **¿qué papel quieres desempeñar en tu vida?**

Si tu respuesta es "**escritor**", estás en el camino correcto.

Como naturaleza humana, tenemos el privilegio, derecho y deber de ser los escritores de nuestro propio destino.

La dificultad radica en alcanzar el nivel de conciencia necesario para ejercer este honor.

Es aquí donde Sebastián, propone un sencillo pero efectivo ejercicio que ha sido probado en más de quinientas personas. A continuación, se explica la fundamentación y metodología para que a lo largo del libro el lector pueda de la mano de sí mismo realizar una transformación positiva, con sus propios recursos.

SMART

Bajo la premisa de que el lector posee las respuestas dentro de sí mismo, en algunos capítulos, el autor propone poner en práctica la idea principal o el pensamiento que el lector considere más útil. Para ello, se sugiere llenar un plan de acción basado en el método **SMART** que consta de cinco preguntas:

- 1) ¿Qué es lo que se desea lograr? (objetivo)
- 2) ¿Cómo se puede lograr? (acciones)
- 3) Quién es responsable de llevar a cabo las acciones? (responsable)
- 4) ¿Cuándo se llevarán a cabo las acciones? (cronograma)
- 5) ¿Cuánto presupuesto se necesita? (presupuesto)

Estas preguntas se estructuran en un cuadro dinámico titulado "Proceso de Self-Coaching" que se repite al final de algunos capítulos. Este método de auto-observación busca promover la autosuperación del lector en base a sus propios recursos, convirtiendo la teoría en una habilidad operativa en su nuevo desempeño.

La idea es aplicar, dar coherencia y sentido a todo lo expuesto en el capítulo por medio del "Proceso de Self-Coaching".

SMART es un acrónimo utilizado para definir objetivos de manera efectiva. Las letras de SMART representan:

- S (Específico): El objetivo debe ser claro y directo.
- M (Medible): Debe ser posible medir el progreso hacia el logro del objetivo.
- A (Alcanzable): El objetivo debe ser realista y factible.
- R (Relevante): El objetivo debe ser significativo y pertinente.
- T (Temporal o Time-bound): El objetivo debe tener un marco de tiempo definido.

El concepto SMART ha sido ampliamente atribuido a Peter Drucker, aunque no directamente en su forma actual. Fue popularizado en los años 80 por George T. Doran en un artículo para Management Review. A lo largo de los años, las interpretaciones de las letras han variado, pero el principio subyacente sigue siendo el mismo: definir objetivos claros y alcanzables.

Ahora, vamos a bajar a tierra este concepto para aprender a usar aplicado a nuestro proceso de autodesarrollo en el marco del libro El Poder de tu voluntad. Par ello vamos a entender un poco más sobre SMART, una herramienta que nos ayudará a definir nuestros objetivos de forma efectiva.

Imagina que quieres ir a algún lugar, pero no sabes exactamente a dónde ni cómo llegar. Pues bien, SMART es como un GPS que te guía para alcanzar tus metas de la manera más efectiva posible. Veamos cómo:

- ✓ Específico (Specific): En lugar de decir "quiero mejorar", especifica qué quieres mejorar. Es como definir el destino exacto en tu GPS.

- ✓ Medible (Measurable): ¿Cómo sabes que has llegado si no sabes qué estás buscando? Definir una meta medible es como saber la distancia exacta que debes recorrer.

- ✓ Alcanzable (Achievable): Asegúrate de que tu meta sea realista. Si nunca has corrido, no te propongas una maratón para el próximo mes. Es como asegurarte de que tu coche tiene suficiente gasolina para llegar a destino.

- ✓ Relevante (Relevant): ¿La meta tiene sentido para ti y para lo que estás tratando de lograr? Es como preguntarte si vale la pena el viaje.

- ✓ Temporal (Time-bound): Toda meta necesita un límite de tiempo. Es como saber cuánto tiempo te llevará llegar a tu destino.

Entonces, SMART es como un GPS que te guiará para que tu objetivo sea claro (Específico), sepas cuánto has avanzado (Medible), esté dentro de tus posibilidades (Alcanzable), sea valioso para ti (Relevante) y sepas cuándo debes alcanzarlo (Temporal).

¡Ahora te debes desafiar a usar SMART para aplicar las mejoras que cada capítulo te invita a plantearte, recuerda que el único que puede hacerlo eres tú mismo y tu mayor enemigo es tu propia incompetencia, con esto ya estas listo para continuar esta aventura con éxito!

(QUE)	**(COMO)**	**(QUIEN)**	**(CUANDO)**	**(CUANTO)**
Debe comenzar en verbo y responder a: - *¿Cuál es la idea más importante para ti de este capítulo?* - *¿Qué te inspira y crees que te gustaría lograr a propósito de este capítulo?*	Por favor piensa en tres acciones que te permitirán alcanzar el (QUE) de la primera columna.	Por favor escribe el nombre del único responsable de tus logros a partir de hoy.	Establece tu cronograma, fechas de inicio y fin de cada acción.	Debes fijar tu presupuesto para esta meta.
<u>Ejemplo:</u> *Establecer, alcanzar, lograr, etc., la felicidad como ventaja en vida…*	1.- 2.- 3.-			

Capítulo 4 – Tres cuentos inspiradores

Sebastián, a través de sus tres cuentos, "El sueño de Sebastián", "¿Dónde está Dios?" y "Soy producto del amor", comparte sus vivencias transformadas en historias universales. Estas narrativas resaltan los desafíos, dolores y frustraciones comunes a todos, inspirando a los lectores a reflexionar y encontrar su propia fuerza de voluntad. Estas historias, contadas con simplicidad y accesibilidad, sirven como espejos en los que los lectores pueden verse reflejados y motivarse a realizar cambios profundos desde su autodeterminación.

En "El sueño de Sebastián", un joven descubre que la vida es un camino donde cada desafío es una oportunidad para crecer. Su jeep, un símbolo de la voluntad, avanza gracias al amor, enfrentando y superando obstáculos. Esta metáfora del viaje de la vida demuestra que no importa el destino final, sino las experiencias y aprendizajes obtenidos.

"¿Dónde está Dios?" presenta la historia de Sebastián buscando entender a Dios más allá de las religiones dogmáticas. En una experiencia cercana a la muerte, descubre que Dios representa el amor y la energía más pura, una comprensión que se alcanza mediante el equilibrio del cuerpo, la mente, el alma y el espíritu. Esta historia refleja la búsqueda personal de la espiritualidad y el entendimiento de que Dios está en el amor y en la conexión con uno mismo y los demás.

En "Soy producto del amor", Sebastián contempla el significado del amor en su vida. Se da cuenta de que cada uno es resultado del amor y que el amor propio es fundamental para vivir una vida plena. A través de su historia personal, incluyendo un momento de profunda depresión, Sebastián aprende el poder del amor propio y cómo este puede transformar la perspectiva de vida.

Estas historias, inspiradas en las experiencias de Sebastián y contadas con nombres ficticios, tienen el propósito de ayudar a los lectores a identificarse con situaciones similares, comprendiendo que no están solos en sus luchas. Cada cuento es una invitación a reflexionar sobre la propia vida, a reconocer la importancia de la autodeterminación y a encontrar pistas para construir su poder de voluntad. Sebastián, a través de su narrativa, ofrece un espejo donde los lectores pueden ver sus propios desafíos y encontrar inspiración para superarlos, demostrando que, a pesar de las diferencias, todos compartimos experiencias humanas comunes que nos unen en nuestra búsqueda de significado y propósito.

I. El sueño de Sebastián

En un mundo donde los sueños y la realidad se entrelazan, vivía Sebastián, un niño de doce años con una imaginación desbordante. Una noche, bajo el manto estrellado, Sebastián tuvo un sueño que le revelaría el gran secreto de la vida.

En su sueño, Sebastián se encontró en un vasto y misterioso camino que se extendía hasta donde alcanzaba la vista. Este camino, comprendió, era la vida misma, cuya naturaleza inherente era el dolor y el desafío. Pero no era un camino solitario. A su lado, cada ser humano, representado como un viajero, emprendía su propia jornada.

El vehículo de Sebastián en este camino era un robusto jeep, símbolo de su voluntad. Robusto y confiable, este jeep le permitía avanzar a través de los diversos terrenos y obstáculos que el camino presentaba. El combustible de este vehículo era el amor, una fuente de energía inagotable que impulsaba a Sebastián incluso en los momentos más oscuros.

A lo largo del camino, Sebastián encontró estaciones de servicio. Estos talleres para soñar ofrecían un alivio temporal muy breve del dolor y la fatiga del viaje. Aquí, los viajeros podían reparar su voluntad y ajustar su enfoque para continuar su travesía.

Los pueblos a lo largo del camino representaban las diferentes etapas de la vida (niñez, la adolescentica, la juventud, la madurez, la vejez). Cada uno tenía su propia cultura, desafíos y lecciones que aprender. Sebastián se dio cuenta de que el objetivo del viaje no era simplemente llegar al final, sino visitar y experimentar la riqueza de cada uno de estos pueblos.

En su odisea, por el camino de la vida para llegar a cada pueblo Sebastián afrontó una diversidad de desafíos: desde resolver enigmáticos misterios y resistir las tentaciones de adicciones, hasta lidiar con el caos y el engaño. Se enfrentó a la maldad, el bullying escolar, la frustración, el riesgo de suicidio, el abandono y la pobreza. Luchó contra la discriminación, el acoso, las injusticias sociales, la violencia, la corrupción y el racismo. También tuvo que sortear los escollos de la ambición desmedida, el duelo, la infidelidad, el miedo, la inseguridad y la traición. A pesar de estos retos, cada uno le brindó la oportunidad de transformarse y crecer. Al superar estos obstáculos, Sebastián adquiría conocimientos, esperanza, madurez y una multitud de otras virtudes.

Lo más sorprendente fue el descubrimiento de los recursos ocultos en el maletero de su jeep. Allí encontró herramientas como la respiración consciente, la meditación, y el cuidado integral de su ser. Estas herramientas eran como una llanta de auxilio, siempre disponibles para ayudarle a superar los retos más difíciles.

El final del camino era la muerte, una meta inevitable para todos los viajeros. Sin embargo, Sebastián comprendió que lo importante no era el final en sí, sino la riqueza de las experiencias acumuladas a lo largo del viaje y los pueblos visitados. Por que esa meta se podía presentar súbitamente también de manera inesperada, situación de la que no sabríamos nada si se presenta y que los únicos que sufrirían serían nuestros seres más queridos.

Al despertar, Sebastián se dio cuenta de que su sueño era una metáfora de la vida real. Entendió que, al igual que en su sueño, la vida de cada persona es un camino lleno de dolor y desafíos, pero también de oportunidades para crecer y transformarse. La voluntad era su vehículo, el amor su combustible, y su corazón la brújula que lo guiaba.

Este sueño inspiró a Sebastián a enfrentar la vida con una nueva perspectiva. Asumió cada día como una parte de su gran aventura, comprendiendo que todos los obstáculos eran oportunidades para fortalecerse y enriquecer su espíritu. Con esta sabiduría, Sebastián abrazó su viaje por la vida, listo para explorar cada pueblo, superar cada obstáculo y descubrir los tesoros ocultos en su camino.

II. ¿Dónde está Dios?

A lo largo de su vida, Sebastián aprendió a no complicar su existencia por razones dogmáticas, reconociendo las limitaciones propias del ser humano. Asimismo, siempre ha respetado a todas las personas que tienen derecho a asumir sus creencias en cualquier culto que consideren oportuno. A pesar de las diferentes religiones existentes, es importante distinguir entre la religión y el concepto de Dios. Sebastián considera que la religión es la metodología con la que el ser humano estructura su creencia en un ser superior, mientras que Dios es, desde una perspectiva espiritual muy personal, una poderosa expresión de energía positiva.

En su concepción de Dios, Sebastián lo entiende desde cuatro niveles:

el cuerpo,
la mente,
el alma y
el espíritu.

Cada uno de estos niveles se encuentra dentro de uno mismo y requiere de mucha disciplina para ser estudiados y cultivados con esfuerzo y dedicación.

El perfecto equilibrio entre estos cuatro niveles de conciencia permitiría a Sebastián tener una comprensión básica sobre Dios.

Conociendo a Dios en los cielos de Tarija

En una hermosa mañana del 19 de octubre de 2007, Sebastián y un colega llegaron al Campo Ferial de San Jacinto en Tarija para participar en la décima versión de la Exposur. La ciudad, fundada en 1574 como un bastión en la lucha de los españoles contra los Chiriguanos, indígenas de la región del Chaco Boreal de Bolivia, es conocida como la bella ciudad de las flores.

El departamento de Tarija, donde se encuentra la ciudad homónima, es un jardín favorecido por la naturaleza, donde se pueden disfrutar la poesía, la música, la danza y las fragancias de violetas y jazmines. Sus praderas son surcadas por ríos de cristalinas aguas y los grandes sembradíos están protegidos por frondosos árboles que brindan sombra.

La hospitalidad y alegría de los habitantes de Tarija son remarcables, y la música de la región es románticamente poderosa para enamorar. En el caso de Sebastián, las notas nostálgicas de la música le recordaban a su encantadora abuela materna, quien nació en esa hermosa tierra.

Al descender del avión y pisar por primera vez esa hermosa tierra, Sebastián sintió de inmediato la energía de su fallecida abuela, con quien había pasado gran parte de su niñez. Las palabras de la mujer resonaban en su corazón, que latía de manera inusual. Las historias que ella le contaba sobre su natal Tarija reverberaban en su mente: el aroma de las flores, el río donde ella solía bañarse de niña y la comida que por muchos años había cocinado para él. Todo parecía estar impregnado de esa energía tan poderosa.

En aquel entonces, Sebastián era un importante gerente de una institución gremial sin fines de lucro y, en su rol, le tocaba asistir a eventos institucionales como la Expo Tarija, donde tenía que buscar mercados para los asociados a los que representaba.

Después de registrarse en el hotel y cumplir con todo el protocolo de llegada a una ciudad desconocida donde permanecería al menos dos días, Sebastián fue a comer algo. Finalmente, en la tarde participaría en la rueda de negocios y visitaría los stands.

Sebastián y su colega tomaron el primer vuelo de la mañana de regreso. Ocho minutos después de que el Boeing 727-200 despegara del Aeropuerto Capitán Oriel Lea Plaza de Tarija, un fuerte sonido, similar a la explosión de una llanta de camión, hizo que el avión empezara a temblar y a sonar como un bus viejo en una calle empedrada con pendiente. Todo se movía en el interior del avión, y cuando Sebastián miró por la ventana, vio humo saliendo de un motor y las alas temblando de manera extraña. Parecía que el avión se iba a desarmar en cualquier momento. Al parecer, un motor había explotado en pleno vuelo debido a la entrada de aves en el mismo.

Esos segundos fueron los más largos de su vida, ya que Sebastián se enfrentaba a la posibilidad muy real de la extinción o la muerte, o como quieran llamarlo, en el momento en que se enfrentan a sus miedos más intensos. La probabilidad de sobrevivir a un accidente de avión a ocho mil pies de altura es cero. El Boeing 727 es una aeronave comercial trimotor de tamaño medio que tiene capacidad para transportar hasta ciento ochenta y nueve pasajeros. A los ocho minutos de vuelo, el avión había alcanzado una altitud de dos mil cuatrocientos metros y una velocidad de cuatrocientos sesenta y tres kilómetros por hora.

En el interior del avión, las personas gritaban, transpiraban, mandaban mensajes de texto por el celular y, como era de esperar, alguien vomitó. Sebastián y su colega estaban mudos y se miraban a los ojos como si fuera una despedida. En ese momento, el capitán de la aeronave anunció por el altavoz que, en esas condiciones, el avión no podría llegar a la ciudad a la que debían arribar según el itinerario (Cochabamba, a dos mil quinientos setenta metros sobre el nivel del mar) y que se desviarían a un aeropuerto a menor altura (Santa Cruz de la Sierra, a cuatrocientos diecisiete metros sobre el nivel del mar). Les pidió que ajustaran los cinturones y permanecieran tranquilos.

Cada segundo dentro de ese espacio frío, metálico, lleno de asientos y personas próximas a extinguirse con el recuerdo de sus seres más queridos pareció un siglo. Fue en ese momento, cuando Sebastián aceptó que moriría, que llegó a su mente la idea más pura del concepto de Dios.

Debo confesar que no oré para pedir o hacer negocios con Dios. Solo sentí la necesidad de conversar sobre mi vida hasta ese momento. En una especie de sala 3D, pude revivir todos los momentos que había vivido, buenos y malos, que había olvidado. Sentí la necesidad de expresar mi amor por mi familia, a la que ya no volvería a ver. Quería compensar la falta de comunicación que había causado mi deseo de sobresalir en mi carrera. En ese momento, no quería ser un ejecutivo, solo deseaba ser un hijo, esposo y padre, y decirles cuán importantes eran para mí y cuánto los amaba.

En ese instante de reflexión, Sebastián pudo ver el dolor en el rostro de sus seres queridos cuando se reunieran frente a su cuerpo despedazado después del accidente de avión. Sintió la necesidad de entender que él tenía una conexión con una energía más allá de una explicación racional, algo que llamó Dios.

A partir de entonces, Sebastián decidió creer que Dios tiene tantas formas y explicaciones como almas en la Tierra. Quizás es el hilo que conecta estos espíritus de luz y que la vida o la muerte son estados de energía. Mientras estamos vivos, gobernados por una mente y un cuerpo, alineados con un alma que se conecta con un espíritu, tenemos la posibilidad de evolucionar a niveles de conciencia que nosotros, los humanos, decidimos alcanzar de manera deliberada. Dios podría ser el camino por el cual Sebastián se conduce hacia su destino. Podría ser la fuerza interior que espera ser despertada para hacer sus milagros, el propósito que siempre estuvo ahí para él.

Sebastián decidió creer sin temor a las controversias que el dogma religioso podría generar. Se arriesgó a afirmar que Dios es amor y la energía más pura que emana de aquellos corazones humanos que han experimentado un máximo nivel de conciencia y amor.

Se cuestionó por qué debía enfrentarse a la idea de la extinción para comenzar a creer estas cosas. Pensó que cada uno de nosotros debe encontrar nuestras propias explicaciones, ya que no hay verdades absolutas en este tipo de situaciones.

Dios representa el amor propio y hacia los demás. Es por eso que Sebastián da inicio a esta aventura para que cada uno explore su propia verdad y experiencia, en busca de su propósito.

Después de los dos mil cien segundos más largos de su vida y una conversación interesante con Dios, el avión aterrizó en el aeropuerto prometido por el capitán. No hubo más problemas que un poco de vómito, sudor y lágrimas, muchos mensajes de amor a las personas en tierra y una franca y amena charla con Dios. Probablemente más de uno aterrizó con otra perspectiva de la realidad, como fue el caso de Sebastián.

Es importante destacar que Sebastián no pretende tener una visión dogmática, solo desea expresar su derecho a creer en este concepto poderoso llamado Dios.

Él cree que Dios existe en la mirada de un niño desamparado que observa en la calle, en la de un anciano que te busca en la acera, o en la de un animal abandonado maltratado por la vida. Dios existe en las cosas más bellas y simples, en la mirada de su abuela, su abuelo, su madre y su padre cuando nació. Descubrió que Dios estaba en la mirada de sus hijos cuando los cargó por primera vez en sus brazos. Dios estuvo presente cuando vio los ojos infinitos de su abuela al partir de este mundo al encuentro con su abuelo.

Dios existe y habita en su corazón. No puede afirmar si está en el corazón de los demás, ya que eso le corresponde a cada uno descubrirlo y disfrutarlo. Hacerlo significa descubrirse a sí mismo en su mejor versión.

III. Soy producto del amor

Sebastián sentía que para hablar de amor debía estar profundamente conectado con la vida, por lo que intentaba explicar esta poderosa energía desde su perspectiva.

Se preguntaba cómo podía explicar que el amor es la fuente de la vida en un mundo donde existen diversas razas y formas de vida, y donde ocurren circunstancias únicas para cada nacimiento.

En aquel día, la tarde tenía un tono rojizo mientras el sol ofrecía sus últimos rayos a la verde pradera. El cielo, el aroma de la naturaleza, las flores, la brisa y el canto de las aves creaban el ambiente ideal para la meditación que Sebastián intentaba realizar, pero sus pensamientos se centraban en el amor y en entender su lógica.

En un momento de claridad, se le ocurrió una idea y susurró:

"Nací gracias a la maravillosa gestación de mi madre, quien se convirtió en orfebre de Dios al regalarme la vida. Aunque haya habido un compañero involucrado en el proceso, no puedo garantizar si mi padre la amaba o me amaba, ya que todo es percepción e interpretación desde mi perspectiva actual. A pesar de que cada uno de nosotros tenemos una historia única, ¿dónde está la constante relación con el amor?"

Sebastián se dio cuenta de que el amor está presente en cada momento de la vida, en cada respiración, en cada latido del corazón. El amor es la energía que nos mantiene vivos y conectados con los demás, con el mundo que nos rodea y con nosotros mismos.

Después de reflexionar profundamente, Sebastián llegó a la conclusión de que para hablar de amor era necesario entender que este involucra perdón y gratitud. También consideró que el amor está conectado con los recuerdos que tenemos sobre nuestros padres y con nuestra percepción de nosotros mismos cuando éramos niños. Tratando de ser objetivo, llegó a la siguiente conclusión:

La interacción de mis padres me permitió existir, lo cual es una razón para estar agradecido con ambos. Aunque no puedo controlar las variables que pudieron haber influido en mi concepción, lo cierto es que gracias a ellos estoy aquí. Sin embargo, sí puedo controlar mi comprensión de que ese niño que fui, como parte de su proceso de aprendizaje vital, pudo haber sido feliz o haber sufrido, y que posiblemente aún sufre. También es verdad que ese niño no fue responsable de ello y que aquellas personas que no le dieron toda la seguridad, protección y educación necesarias posiblemente también estaban aprendiendo a vivir. En este punto, debo dejar ir todo aquello que no aporta valor a mi presente y quedarme con las enseñanzas y aprendizajes que me han permitido llegar hasta aquí, perdonando a ese niño por sus errores, perdonando a esas personas por aquello que yo creía que era su obligación, perdonar y soltar.

Sebastián llegó a la conclusión de que descubrir la herramienta para enfrentar los desafíos diarios puede ser tan simple como reorganizar las letras de la palabra "ARMA" para formar "AMAR". Amar a esa persona especial que ha estado a su lado en los buenos y malos momentos, amarse a sí mismo y a esa persona que lo conoce profundamente, sus sufrimientos y sueños.

Si amar es tener una fuerte convicción de dar, entonces quien lo trajo al mundo dio parte de su humanidad, naturaleza, ADN, calcio y esperanzas. Amar implica dar integridad, atención, tiempo y dedicación a quienes lo rodean.

Jesucristo, según las escrituras, dio su vida por mí. Entonces, ¿por qué no daré lo mejor de mí mismo? ¿Por qué no daré mi disciplina, mi enfoque, mi trabajo duro, mi decisión, mi perdón, mi tolerancia, mi paz, para mí mismo? Si soy producto del amor más puro y de mis propias decisiones, de mi propio nivel de conciencia para decidir en libertad sobre mi existencia, ¿por qué no buscar mi propósito?

Un día, Sebastián sufrió una fuerte depresión, tan grave que consideró suicidarse. Estaba enfrentando problemas que le parecían insuperables. Se encontraba solo y deprimido en su departamento, víctima de una depresión intensa que lo condujo a la ventana de su decimocuarto piso. El departamento estaba desordenado, como reflejo del alma de Sebastián. Su medio cuerpo estaba fuera de la ventana.

En ese momento, el miedo lo paralizó. Se detuvo y, con una mirada que reflejaba dolor, miedo, incertidumbre y angustia, se pidió a sí mismo que se permitiera conversar sobre la situación. Que se diera un espacio para expresar y sacar todo ese dolor que lo tenía paralizado. Así inició un diálogo forzado por las circunstancias, quizá si lo hubiera hecho antes, sin la presión de aquel momento, habría evitado ese extremo.

Entre todas las cosas que aprendió ese día, Sebastián se quedó con una frase que lo impactó. Después de dos horas de conversación sobre su vida, se dijo algo muy fuerte: "no salté, porque en algún segundo de esa tormenta, sentí que soy producto del amor más puro y que he llegado a este mundo con algún propósito que aún no he podido descubrir".

Desde entonces, Sebastián reflexiona constantemente sobre esa frase tan poderosa. Se convierte en la piedra fundamental y el ancla que lo inspira con el poder del amor.

Como seres humanos, todos tenemos un don interno llamado "amor". Dentro de nosotros, hay un niño dormido que cree en los sueños, en los cuentos de hadas y en la posibilidad de ser astronautas, doctores, pilotos o presidentes. Somos el resultado del tiempo y de nuestras decisiones, de nuestra capacidad de perdonar y olvidar lo que no genera valor en nuestras vidas. Sin embargo, la pregunta sigue en el aire: ¿para qué? ¿Cómo descubrimos cuál es nuestro propósito?

Nos construimos a nosotros mismos mediante la creación de ideas, ya sean estas motivadoras o mensajes que sabotean nuestra autoestima. Somos los únicos responsables de generar estos pensamientos, basados en cuánto amor hemos desarrollado hacia nosotros mismos. Me viene a la mente algo que leí en alguna parte: cada decisión que tomamos puede estar compuesta por dos tipos de diálogos internos que surgen de dos conceptos básicos: "lo que creo acerca de mí mismo" y "lo que creo que los demás piensan de mí".

El primer diálogo surge de nuestra propia seguridad, la cual se forma generalmente hasta los primeros diez años de vida. Lo que haya sucedido en este período con respecto a nuestra autoestima y seguridad, y cómo hemos aprendido a vivir en relación con nuestro contexto, definirá en gran parte este primer pilar. El segundo se crea en la adolescencia, ya que responde a nuestra necesidad de ser reconocidos o lo que se conoce como "necesidad de aprobación o reconocimiento". Esta necesidad depende en gran parte de cómo haya sido nuestra vida en esta etapa tan complicada llamada adolescencia.

Cada uno de estos pilares, que son la seguridad personal y la necesidad de reconocimiento, produce un diálogo interno ante una nueva situación. Este proceso es automático y depende de cómo cada individuo se ha programado en su proceso de aprendizaje y lucha en la vida. El truco está en tener esto presente a partir de ahora y aprender a elegir, recordando que todo está en nuestro pensamiento y que podemos tener control sobre él.

Sebastián recordó un suceso en su trabajo que ocurrió hace algún tiempo. Había sido contratado un nuevo trabajador a través de un proceso técnico de reclutamiento y selección. Esta persona era el candidato ideal para el cargo, ya que sus competencias técnicas y humanas estaban ajustadas a la descripción del cargo. Durante el primer año de trabajo, el colaborador fue radiante, demostrando su eficiencia en el trabajo. Sin embargo, luego comenzó a trabajar hasta tarde constantemente, lo que ocasionó problemas en su hogar y una disminución en su productividad laboral.

¿Cómo explicamos que un trabajador eficiente en su trabajo y que siempre se destacó cambió su actitud hacia el mismo de un momento a otro?

Resulta que él tenía un trabajo que amaba, una jefa impresionante en todo el sentido de la palabra: inteligente, brillante, culta, atractiva, etc. Según la teoría de Sebastián, el pilar que pudo haber afectado a este trabajador fue el diálogo saboteador que nace de "lo que yo creo, que los demás creen de mí" y se motiva por la necesidad de reconocimiento. El trabajador, sin que nadie le dijera nada, comenzó a exigirse más de lo necesario motivado por esa necesidad subconsciente de reconocimiento. Esto generó un desequilibrio en su vida, lo que no se puede identificar fácilmente.

Sebastián se preguntó qué hacer en estos casos y trató de elaborar una propuesta. Primero: es importante tomar conciencia de que debemos afrontar todos los trabajos con una autoestima muy positiva, reconociendo que si estamos aquí es porque somos capaces de hacerlo. Lo básico es repetirlo hasta creerlo: lo que hacemos es lo que sabemos hacer y nos gusta, lo hacemos porque nos genera satisfacción personal y además, lo hacemos bien.

Segundo: no debemos mitificar a los jefes, ya que esto significa ponerlos por encima de nosotros mismos. Ellos son tan humanos como nosotros para hacer su trabajo y son normales como cualquier otra persona.

Finalmente, nadie nos va a querer más que nosotros mismos. Somos producto de nuestro propio amor hacia nuestros pensamientos, ideas, existencia, cuerpo, penas, alegrías, sueños y vida. Debemos tener control sobre nuestros pensamientos y hacerlos variables. Somos el producto del amor más puro que existe en esta tierra y debemos estar profundamente enamorados de nosotros mismos. Recuerda: no podemos dar lo que no tenemos.

Los grandes líderes de este mundo son personas que disfrutan dando de sí mismos a los demás. Tienen claridad sobre cuánto se aman a sí mismos, lo cual les permite aportar ese amor hacia los demás. Cuando esto sucede, las personas a su alrededor lo sienten y ellos mismos saben cómo manejar sus diálogos alineados a amarse primero y sobre todo a sí mismos. El amor que sentimos hacia nosotros mismos puede ser esa fuerza interior que espera ser liberada y que puede ser contagiada con pasión a todo el universo.

La forma en que nos vemos a nosotros mismos ante un desafío es cómo nos proyectamos y cómo los demás nos verán.

No podemos evitar que algunas personas hablen mal de nosotros, lo que sí podemos hacer es entender que esto es solo su proyección, su verdad y su percepción de la realidad. Nadie nos conoce mejor que nosotros mismos, por lo que lo que digan, piensen o hagan no nos afecta. Lo que no es negociable es permitirnos a nosotros mismos hablar mal de nosotros mismos.

Debemos recordar que somos producto del amor más puro, de ese poderoso amor que decidimos conscientemente sentir hacia el ser más maravilloso que pisa la tierra: nosotros mismos.

Capítulo 5 – El diseño de la propuesta

Después de haber realizado sus nueve viajes, y ya de vuelta en su ciudad, Sebastián organizó sus notas y comenzó a estructurar las ideas plasmadas en papeles meticulosamente almacenados en una carpeta azul. Se encerró durante un mes hasta que finalmente pudo estructurar lo que denominó "las nueve herramientas" para liderar el camino hacia la búsqueda de su propósito y descubrir el poder de su voluntad. Esta lista de competencias o habilidades le permitiría alcanzar el equilibrio y encontrar el camino hacia la conciencia de su objetivo, como en cualquier construcción, el uso de ciertos materiales podría permitir un trabajo más efectivo.

Parece que Sebastián había encontrado un método que cambia el enfoque hacia el interior y hacia la posibilidad de tomar el control de nuestras decisiones. Este método se divide en dos áreas:

Crear nuevas actividades que permitan al cuerpo, mente, alma y espíritu descubrir y disfrutar momentos de armonía, positividad y seguridad personal.

Eliminar viejos hábitos que promueven emociones negativas, que no generan valor en el avance hacia el propósito, prácticas que intoxican el cuerpo, mente, alma y espíritu.

Para avanzar en estas dos áreas, Sebastián consideró que eran necesarias herramientas operativas para construir su viaje hacia su propio interior, comenzar a disfrutarse a sí mismo, amarse, desafiarse y, en fin, caminar hacia su poder personal, el dominar su propia voluntad.

Después de sus viajes, entrevistas, experiencias y lecturas, Sebastián quedó muy entusiasmado por su descubrimiento y, habiendo estudiado a profundidad las bases teóricas de diferentes científicos, estructuró su propuesta denominada "El Poder de Tu Voluntad" de la siguiente manera:

Las nueve herramientas:

I. Aprendizaje
II. Atención plena
III. Visión
IV. Misión
V. Disciplina
VI. Enfoque
VII. Perseverancia
VIII. Temple
IX. Integridad

Las cinco afirmaciones poderosas:

I. Puedo soltar el pasado.
II. Yo tengo el control de mis decisiones.
III. Soy responsable de las consecuencias de mis acciones.
IV. Determinación es mi esencia.
V. Respiro, siento, me enfoco y voy por lo que quiero.

Capítulo 6 - El manual - - las nueve herramientas

Para esta sección Sebastián introduce nueve herramientas esenciales que sirven como pilares para desarrollar la voluntad. Estas herramientas, basadas en principios de psicología, sociología y medicina, abarcan desde el aprendizaje y la atención plena hasta la integridad y la disciplina. Son el resultado de su profundo análisis y experiencias personales, diseñadas para ayudar al lector a tomar control de su vida, enfrentar desafíos y alcanzar sus objetivos. Cada herramienta representa una faceta crucial en el camino hacia la autorrealización y el crecimiento personal.

Aprendizaje: Esta herramienta subraya la importancia de un aprendizaje continuo y adaptativo, basado en la capacidad del cerebro para formar nuevas conexiones neuronales y redes. Sebastián enfatiza que el aprendizaje es una habilidad vital que nos permite cambiar nuestro destino en cualquier momento.

Atención plena: La técnica de mindfulness se presenta como una práctica esencial para lograr el autoconocimiento y la autogestión. Sebastián propone su uso como un medio para vivir en el presente y desarrollar una comunicación efectiva con uno mismo.

Visión: Define la importancia de tener una visión clara de la vida, un norte que guíe las decisiones y proporcione un sentido de propósito y dirección.

Misión: Al igual que en el ámbito empresarial, la misión personal es crucial para definir el propósito y la razón de ser de uno mismo.

Disciplina: Señalada como la clave para lograr objetivos y superar desafíos, la disciplina se describe como una habilidad que se puede desarrollar y fortalecer con el tiempo.

Enfoque: La habilidad de mantener el enfoque en los objetivos es crucial para el éxito, como lo demuestra la historia de atletas y personalidades destacadas.

Perseverancia: A través de ejemplos históricos como Abraham Lincoln y Thomas Edison, Sebastián destaca la importancia de la persistencia en la consecución de metas.

Temple: La capacidad de adaptarse y resistir ante las adversidades se resalta como un aspecto fundamental del crecimiento personal.

Integridad: La integridad se presenta como una virtud esencial que debería guiar todas nuestras acciones y decisiones, similar a la espada mítica Excálibur.

Sebastián formula estas herramientas como una base sólida para el aprendizaje y desarrollo de la voluntad, proporcionando un marco práctico y accesible para que cualquier persona pueda aplicarlas en su vida. Al compartir su conocimiento y experiencia, busca inspirar a los lectores a embarcarse en su propio viaje de autodescubrimiento y crecimiento personal, demostrando que, con las herramientas adecuadas, cualquier desafío puede ser superado y cualquier sueño puede hacerse realidad.

Aprendizaje

Para comprender cómo aprendemos, es importante entender el funcionamiento de nuestro cerebro, desde la perspectiva de la psicología, la sociología y la medicina.

Desde el momento de nuestro nacimiento, el aprendizaje es el primer mecanismo cerebral que se activa, lo que nos permite adaptarnos al medio ambiente y sobrevivir.

De esta manera, podemos afirmar que el aprendizaje es un proceso genéticamente programado que nos permite adquirir habilidades esenciales como la alimentación, la hidratación y la sexualidad.

En consecuencia, es posible cambiar nuestro destino en cualquier momento de nuestras vidas, ya que el aprendizaje es una habilidad que podemos desarrollar continuamente mientras nuestro cerebro funcione.

La esencia del aprendizaje y la memorización radica en la capacidad de hacer asociaciones entre eventos que producen cambios en las neuronas y en sus conexiones con otras neuronas, formando redes que se extienden por múltiples áreas del cerebro.

Todos los cerebros utilizan los mismos mecanismos neurales para el aprendizaje. Nuestro sistema nervioso percibe el mundo y nos indica cómo reaccionar ante él. En fracciones de segundo, toma todas nuestras decisiones, crea emociones, ideas y recuerdos. Es una máquina increíble que nunca deja de funcionar hasta la muerte. Cada cerebro humano contiene aproximadamente 100 mil millones de neuronas.

Esto significa que podemos entrenar nuestras neuronas todos los días de nuestra vida para lograr cualquier cosa que nos propongamos, transformando completamente nuestra identidad.

Por lo tanto:

- La transformación que experimento depende únicamente de mí.
- Tengo la capacidad de decidir ser más grande que mis circunstancias.

- El pasado es el contexto que ha moldeado mi identidad actual.
- A pesar de que mis traumas y creencias se encuentran en el pasado, puedo elegir creer que ya no me afectan o aprender a vivir con ellos, guardándolos en una caja fuerte imaginaria y centrando mis esfuerzos en fortalecer mis habilidades.
- Si logro esto, el pasado dejará de afectar mi presente de manera negativa o limitante.
- También tengo la opción de elegir entre el dolor y el aprendizaje, ambas son decisiones que he tomado en el uso de mi libertad o libre albedrío.
- Por lo tanto, decido elegir "Aprendizaje".
- El presente es mi punto de partida.
- Decido entonces que ***aprender a aprender*** puede ser mi estilo de vida, convirtiendo cada evento "**bueno o malo**" en aprendizaje de donde saco siempre algo positivo para crecer.

En conclusión, ¿cuál es mi realidad?

Parece ser que todo comienza con la "luz" que entra en mi cuerpo y se impacta en la retina. La retina, que está compuesta de millones de pequeños receptores llamados conos y bastones, absorbe la luz y envía señales eléctricas al cerebro como un código morse, permitiendo que el cerebro construya mi percepción de la realidad y tome decisiones basadas en ella.

Cada segundo, mi cerebro recibe 10 millones de señales a través de la retina, a una velocidad de 400 km/hora, y reacciona con la misma velocidad para construir lo que llamamos "mi realidad". Es a través de mi experiencia de vida y aprendizaje que mi realidad se forma y afecta mi actitud, que no es más que una conversación entre mis neuronas sobre cómo interpretan esta realidad que existe en el mundo exterior.

Mi realidad se construye a partir de las conexiones que establecen los recuerdos en mi cerebro, los cuales están cargados de emociones y, finalmente, generan una respuesta que se manifiesta en la forma en que me relaciono con los demás. Esta conducta es la que define el resultado tanto para mí como para el otro ser humano involucrado en la situación. Todo este proceso ocurre en milésimas de segundo.

La electricidad que se produce en mis neuronas se transmite a través de mi sistema nervioso hasta mis músculos, generando así una respuesta física a mi realidad y permitiéndome entrar en acción.

Es fascinante descubrir que mi cerebro es versátil y adaptable, y que a medida que repito una tarea o entro en acción, mi cerebro codifica cada acción y aprende cada vez más, lo que provoca un cambio en su estructura. Los científicos llaman a este fenómeno "neuroplasticidad". En otras palabras, el proceso de aprendizaje es constante y puede ser moldeado a lo largo del tiempo.

Es importante recordar que nuestra realidad está influenciada por nuestras percepciones y emociones, pero también podemos entrenar nuestro cerebro para que se adapte a nuevas situaciones y aprenda de manera efectiva. La neuroplasticidad es una herramienta valiosa que nos permite aprovechar al máximo nuestro potencial de aprendizaje y transformación personal.

Con el tiempo, mis conexiones neuronales se fortalecen y aprendo, pero el gran desafío ahora es aprender a aprender.

Esto me lleva a una conclusión:

- ✓ Cuando no sabemos que no sabemos, somos ignorantes felices.

- ✓ Cuando ya sabemos que no sabemos, podríamos ser ignorantes preocupados. Este es el punto de partida, aquí nace la responsabilidad de querer saber.

Así es como me siento ahora, con la responsabilidad de trabajar en mí mismo para saber sobre aquello que desconozco.

Si el proceso de aprendizaje está garantizado genética y fisiológicamente, entonces vivir es cambiar, y por ende aprender.

Por lo tanto, cambiar mi actual condición de vida es tan posible como creer que puedo aprender a creer que es posible.

Sé que puedo cambiar, eso es un hecho. Lo que aún no sé es por qué cambiar y cómo hacerlo.

Las respuestas están en el corazón de cada uno de los lectores, en mi caso, busco aprender o cambiar para mejorar mi calidad de vida y lo hago siguiendo paso a paso este manual de Self-Coaching.

Esta herramienta denominada "**aprendizaje**" me permitirá dar el primer paso hacia mi mejor versión.

Cambiar es posible, ya que significa aprender. Para aprender tengo que realizar repeticiones, por lo tanto, mientras tenga vida, podré seguir aprendiendo o cambiando mi manera de entender la realidad, lo que derivará en nuevas conductas y por ende en obtener otros resultados. No puedo esperar tener una vida diferente haciendo las misas cosas.

Me pregunto: ¿Por qué, si suena tan lógico y fácil, me resulta tan difícil lograr cambios significativos en mi vida?

Pueden ser múltiples las causas y cada uno de nosotros debe buscar las respuestas. No obstante, me permito compartir mis reflexiones:

- ✓ No tener claro qué aspectos necesito cambiar.
- ✓ No tener confianza en mi capacidad para cambiar.
- ✓ No conocer las herramientas y estrategias necesarias para llevar a cabo el cambio.
- ✓ No tener la motivación o el deseo suficiente para cambiar.

Si analizo estas reflexiones, puedo apreciar que todas dependen de mí mismo y, por lo tanto, se pueden revertir. No hace falta llegar al fondo de la vida para hacerlo, puedo empezar hoy y tantas veces como sea necesario. No importa cuántas veces caiga, lo que importa es cuántas veces me levante. Lo que debemos recordar es que:

- APRENDER ES CAMBIAR.

- SI ESTOY VIVO, PUEDO APRENDER, ENTONCES, PUEDO CAMBIAR.

¿Pero cómo podemos aprender a aprender?

Necesitamos un método o una serie de acciones para llevar esta teoría a la práctica. Si sigues estos pasos al pie de la letra, algo habrá cambiado y es posible que aprendas a aprender.

Recordemos que el aprendizaje es una habilidad natural del ser humano que nos permite responder mejor a las demandas del entorno. Este proceso se perfecciona a través de la práctica y el error, entre otras técnicas de aprendizaje.

Para que el aprendizaje tenga éxito, se requieren ciertas condiciones, como:

Una capacidad sensorial para percibir el mundo exterior.

Un procesamiento, aunque sea básico, de la información sensorial para producir una respuesta.

Un sistema de almacenamiento de información que permita recopilar tanto la información sensorial como la respuesta y sus consecuencias.

En definitiva, el aprendizaje se refiere a la adquisición de conocimientos o habilidades de manera más o menos permanente.

Al ser una habilidad, se aprende. Si se trata de un proceso de aprendizaje, entonces podemos considerar **trabajar** de manera practica en los cinco pilares del proceso **SEPAME** de aprendizaje:

Sensación
Percepción
Atención
Memoria
Emociones

Ejercicios:

Durante tres días, tómate el tiempo para reflexionar, analizar y sopesar las posibles respuestas a las siguientes preguntas.

Después de este período, escribe en este Manual de Autodescubrimiento tus respuestas.

Para lograrlo, te invito a que trabajes en lo siguiente:

• Reflexiona sobre tus **sensaciones** y responde a la pregunta: ¿Eres consciente de cómo te sientes con respecto a tu entorno y en qué medida puedes cambiar esto para tu beneficio?

Durante un periodo de tres días, cuando las condiciones lo permitan, cierra tus ojos, respira profundamente y comienza a:

a) Observar las sensaciones de tu cuerpo, como el contacto de tu ropa, tus lentes o tus audífonos, y si tienes frío o calor.

b) Prestar atención a los sonidos del silencio y experimentarlos.

c) Detectar los olores de tu entorno que antes no habías notado.

d) Saborear los alimentos que tienes en la boca y reflexionar sobre su sabor.

e) Imaginar todo lo que te rodea, lo que siempre ha estado allí para ti incluso cuando tenías los ojos abiertos.

Todo esto debe hacerse con los ojos cerrados. Después de tres días, escribe sobre tu experiencia y responde a la pregunta: ¿Qué aprendiste?

Durante este periodo de tres días, tómate el tiempo de reflexionar, meditar y rumiar sobre las posibles respuestas a las preguntas que se te presenten. Luego, escribe tus respuestas en este Manual de Autodescubrimiento.

Te invito a enfocarte en tu **sensación** y a responder a la pregunta: ¿Eres consciente de las sensaciones que te rodean y en qué medida puedes influir en ellas a tu favor?

• Trabaja en tu capacidad de **percepción** y reflexiona sobre la siguiente pregunta: ¿Eres consciente de cómo tu cerebro, a través de tus sentidos, interpreta la realidad y crea una "percepción"?

Es importante recordar que lo que creemos que es verdad o real no siempre lo es, por lo que debemos mantener una actitud crítica y buscar otras opiniones antes de tomar decisiones basadas en una sola percepción.

Luego de reflexionar durante tres días acerca de la pregunta anterior, por favor responde:

¿Cuál ha sido una percepción errónea -ya sea positiva o negativa- que te llevó a tomar una decisión equivocada, y qué aprendiste de esa experiencia?

• Trabaja en mejorar tu **atención** respondiendo a las preguntas:

- ✓ ¿Estás concentrado en lo importante, en la solución, más que en el problema?
- ✓ ¿Puedes distinguir los detalles importantes del conjunto?

Sé honesto contigo mismo y califica del uno al diez tu nivel de atención en los eventos que sucedieron en tu vida en los últimos tres días. Si tu calificación es menor o igual a cinco, piensa en una acción que puedas tomar para mejorar tu enfoque y escríbela a continuación:

¿Qué vas a hacer para elevar tu nivel de enfoque en el futuro?

Recuerda que una buena atención es esencial para lograr tus objetivos y superar obstáculos en la vida.

• Trabaja en desarrollar tu **memoria** positiva y enfócate en las experiencias que aportan valor a tu vida. No te quedes atascado en pensamientos negativos o improductivos que solo te quitan tiempo y energía.

Después de tres días de reflexionar sobre esta pregunta, por favor responde:

¿Cuánto tiempo has dedicado a recordar cosas sin valor, y cómo ha afectado tu productividad?

Califica tu respuesta del uno al diez y, si es menor a cinco, plantea una acción concreta para cambiar esto.

Escribe a continuación qué medidas tomarás para eliminar esos recuerdos negativos.

Espero que estas sugerencias te ayuden a mejorar el texto. Si necesitas más ayuda, no dudes en consultarme.

• Mejora tus habilidades **emocionales** respondiendo a las preguntas:

- ✓ ¿Estás consciente de tus emociones y cómo reaccionas ante ellas?
- ✓ ¿Sabes cómo regularlas y expresarlas adecuadamente?

• Evalúa tu habilidad para manejar tus **emociones**.

¿Del uno al diez, qué tan efectivo eres para controlar tus reacciones emocionales en situaciones difíciles?

Si tu calificación es baja, piensa en acciones específicas que puedas tomar para mejorar.

• Reflexiona sobre tu capacidad para expresar emociones.

- ✓ ¿Con qué frecuencia expresas tus emociones de manera saludable y efectiva?

- ✓ ¿Eres consciente de cómo tus emociones pueden afectar a otros?

Después de concentrarte en estas preguntas durante tres días, responde a lo siguiente:

¿Qué medidas específicas tomarás para mejorar tus habilidades emocionales y aprender a regular tus emociones de manera más efectiva?

Por ejemplo, puedes practicar la meditación o el yoga para calmar la mente y mejorar la conciencia emocional, o buscar la ayuda de un terapeuta si tienes dificultades para controlar tus emociones.

Solo tú, y nadie más que tú, conoces las respuestas correctas que siempre estuvieron en tu corazón. Extráelas para tu propio beneficio y ponlas en acción.

La primera herramienta busca establecer que es posible creer en una vida mejor, solo es cuestión de aprender cómo lograrlo. Por lo tanto, es necesario trabajar duro en el "cómo".

Para dejar atrás esta herramienta, déjame compartirte lo que me funcionó a mí para desarrollar la habilidad de "aprender a aprender".

Cada noche, antes de dormir, escribo en un diario las respuestas a cuatro preguntas poderosas para trabajar en mi desarrollo personal.

Te comparto mi secreto:

- ✓ *¿Qué hice bien hoy?*
- ✓ *¿Qué hice mal hoy?*
- ✓ *¿Qué pude hacer mejor hoy?*
- ✓ *¿Cuál es el mayor aprendizaje del día de hoy?*

Cada uno tiene las respuestas precisas en el fondo de sus corazones.

Tú, y solo tú, haces la diferencia, hoy.

Tú puedes

Atención plena

El **mindfulness**, también conocido como "atención plena", es una técnica de relajación que nos ayuda a tomar conciencia plena de nuestras emociones. Su objetivo es eliminar la frustración y la ansiedad que pueden surgir al no poder cambiar ciertas situaciones. Sebastián consideró fundamental comenzar su viaje hacia el autodescubrimiento con esta herramienta, ya que permite iniciar el proceso de comunicación con nuestro centro de poder, es decir, nosotros mismos. Al enfocarnos en el aquí y ahora, podemos dejar de lado el pasado y el futuro y adoptar una perspectiva objetiva y eficiente para encontrar la mejor alternativa. Antes de poder controlar nuestras ideas negativas y los diálogos sabotadores, es esencial conocer y ejercitar el uso de esta técnica de auto-gestión.

Cuando es invitado a dar clases en programas de postgrado para coaching, liderazgo o RRHH en algunas universidades, Sebastián comienza con una dinámica de relajación-meditación basada en el mindfulness. Su objetivo es inspirar a los alumnos para que repitan esta actividad en sus vidas y se conozcan mejor.

Aunque el mindfulness tiene sus raíces en la tradición budista, su popularización en Occidente se debe a Jon Kabat-Zinn. A diferencia de la meditación budista, el mindfulness se enseña sin componentes orientales.

El mindfulness moderno se basa en el movimiento budista Vipassana, una antigua técnica de meditación india que consiste en tomar conciencia del momento presente y comprender la verdadera naturaleza de la realidad. Al tomar conciencia de las tres marcas de la existencia (impermanencia, insatisfacción y contacto con el no-yo), el practicante comienza su camino hacia la liberación.

En la década de 1970, la psicología clínica y la psiquiatría desarrollaron varias aplicaciones terapéuticas basadas en el mindfulness para ayudar a las personas que sufren de una variedad de enfermedades psicológicas. La investigación ha descubierto que estas terapias son eficaces, especialmente para reducir la ansiedad, la depresión y el estrés.

Algunos estudios, como el de Khoury, Lecomte y Fortin, han demostrado que la terapia de atención plena tiene una efectividad moderada, mayor que la mera exposición a psicoeducación, relajación e imaginación, pero no ha demostrado ser más efectiva que la terapia cognitivo-conductual (Khoury, B.; Lecomte, T.; Fortin, G., et al. (agosto de 2013). "Mindfulness-based therapy: a comprehensive meta-analysis").

Para desarrollar la habilidad de mindfulness, es esencial recordar los elementos clave que permiten una mejor comprensión.

Los componentes de mindfulness son:

- ✓ **Atención:** requiere que desarrollemos nuestra capacidad de enfocarnos en una sola cosa en un momento determinado.
- ✓ **Intención:** empezamos a practicar el hábito de cambiar nuestra atención para enfocarnos en lo que es importante.

Las barreras de mindfulness son:

Cuando identificamos los **factores** que nos impiden ser más mindfulness, podemos actuar en consecuencia, permitiéndonos apreciar aún más cada momento, estando presentes y disponibles para las personas que desean relacionarse con nosotros.

- ✓ **Factores externos:** ruido de fondo, incomodidad física (postura, dolores de espalda, calzado incómodo, etc.), interrupciones, teléfonos móviles, entre otros.

- ✓ **Respuestas internas:** esto ocurre cuando dejamos de escuchar lo que la otra persona está diciendo y comenzamos a escucharnos a nosotros mismos, a las ideas que surgen y nos distraen. A menudo, debido a nuestra impaciencia, nos enfocamos en lo que queremos decir después de que la persona termine de hablar.

La búsqueda de hechos ocurre cuando nos enfocamos en los detalles o en los hechos que nos están comunicando, en lugar de prestar atención a la idea principal que el mensaje quiere transmitirnos.

Para vivir Mindfulness en la práctica, es esencial reconocer y adoptar los siguientes fundamentos (actitudes):

• **Actitud 1:** No juzgar. Debemos tener una perspectiva imparcial de nuestras experiencias, empezando por reconocer que nuestra mente tiende a juzgar.

• **Actitud 2:** Tener paciencia. Debemos permitir que las cosas sucedan en su tiempo, entendiendo que la ansiedad por el futuro nos impide disfrutar el presente.

• **Actitud 3:** Enfoque de aprendiz. Debemos seguir aprendiendo constantemente sobre lo que nos apasiona y en lo que somos buenos. De esta forma, vivimos nuestro talento y disfrutamos del proceso de crear conocimiento permanentemente, sin permitir que nuestras experiencias previas nos limiten.

• **Actitud 4:** Confianza en nosotros mismos. Debemos desarrollar el hábito de aprender los aspectos técnicos que nos permitirán tener confianza, practicando nuestros valores y controlando nuestra inteligencia emocional. Estos son los tres pilares de nuestra propia confianza, lo que nos permitirá construir una verdad fundamental sobre nosotros mismos.

• **Actitud 5:** No forzar. A través de la meditación, debemos practicar la autenticidad con nosotros mismos. Debemos prestar atención a quiénes somos en cada momento y fluir en congruencia con ello.

• **Actitud 6:** Aceptación incondicional. Debemos aprender a ver las cosas en el presente, sin transportarnos al pasado o al futuro. Esto no significa renunciar a nuestros valores y principios, sino tener la voluntad de ver las cosas como son y encontrar opciones para avanzar y seguir nuestros instintos basándonos en hechos.

• **Actitud 7:** Fe y liberación. Cuando soltamos y dejamos que las cosas sigan su curso natural, la vida es más tranquila. Es importante tener esto en cuenta en situaciones en las que nos cuesta soltar algo que está anclado fuertemente en nuestra mente. Debemos enfocarnos en esta "ancla" y soltarla poco a poco. Podemos hacerlo en cualquier momento del día, no solo al irnos a dormir.

Enfoque en la atención plena:

La atención plena se enfoca en varios aspectos clave:

Centrarse en el momento presente: debemos sentir las cosas tal y como suceden, en lugar de centrarnos en un pensamiento determinado para cambiarlo por otro. La clave es no perdernos lo que está sucediendo en el momento presente por estar pensando en lo que querríamos que hubiera sucedido o no.

Apertura a la experiencia y a los hechos: significa que no interpretamos lo que sucede, sino que simplemente sentimos. A menudo, a través de nuestro lenguaje y nuestros pensamientos, sustituimos lo que sucede en realidad describiéndolo o utilizando, por ejemplo, estereotipos. El mindfulness nos invita a dejarnos llevar de una sensación a otra de manera natural y sin prejuicios de ningún tipo que puedan alterar lo que estamos viviendo en un momento determinado.

Aceptación radical y sin valoraciones de la experiencia vivida: aunque es más agradable experimentar vivencias positivas, no rechazamos o alteramos nuestro bienestar cuando suceden cosas negativas. Esto reduce el estrés y la ansiedad que por lo general producen dichas vivencias.

Elección de las experiencias: aceptar lo que sucede no significa que no tengamos capacidad de decisión. Todo lo contrario. Nosotros decidimos qué acciones queremos realizar, pero aceptaremos los resultados de estas acciones, ya sean estos positivos o negativos.

Control: aceptar todos los sentimientos (alegría, tristeza, ira, miedo, etcétera), sin controlarlos o reducirlos. Es decir, debemos vivirlos en el momento y en el grado que se produzcan.

Ejercicios prácticos:

Ejercicio 1: Un minuto de atención plena:
Este ejercicio se puede hacer en cualquier momento durante el día. Programa una alarma para que suene exactamente en 1 minuto. Durante los siguientes 60 segundos, tu tarea consiste en centrar toda tu atención en la respiración. Deja tus ojos abiertos y respira normalmente. Seguramente tu mente se distraerá en varias ocasiones, pero no importa, dirige nuevamente tu atención a la respiración. Este ejercicio de atención es mucho más poderoso de lo que te puedes imaginar. Puedes practicar este ejercicio varias veces durante el día para restaurar tu mente al momento presente y proporcionarle un poco de paz.

Ejercicio 2: Observación consciente:
Coge un objeto que tengas a tu alrededor, como una taza de café o un lápiz. Colócalo en tus manos y permite que tu atención sea totalmente absorbida por el objeto. Solo observa. Este ejercicio de observación consciente puede ayudarte a concentrarte en el momento presente y a mejorar tu atención plena.
Durante este ejercicio, notarás una mayor sensación de estar presente en el momento actual, lo que te ayudará a ser más consciente de la realidad. Observa cómo tu mente libera rápidamente los pensamientos del pasado o del futuro, y cómo te sientes al estar en el presente de una manera muy consciente.

Ejercicio 3: Contar hasta 10 segundos.

Este ejercicio es una simple variación del ejercicio 1. En lugar de centrarte en tu respiración, cierra los ojos y concéntrate únicamente en contar hasta diez. Si tu concentración tiende a dispersarse, comienza de nuevo en el número uno. Tal vez te ocurra esto:

- "Uno... dos... tres... ¿qué le voy a decir a Pedro cuando lo vea? Oh, Dios, estoy pensando."
- "Uno... dos... tres... cuatro... esto no es tan difícil después de todo... ¡Oh, no, eso es un pensamiento!"

Ejercicio 4: Señales de atención.

Centra tu atención en la respiración cada vez que se produzca una señal específica. Por ejemplo, cada vez que suene el teléfono, pon tu atención en el momento presente y mantén la concentración en la respiración.

Elige una señal adecuada para ti. Tal vez decidas ser plenamente consciente cada vez que mires en el espejo. ¿O será cada vez que tus manos se toquen entre sí? Quizás elijas como señal el canto de un pájaro.

Desarrollar y practicar esta técnica de atención tiene un gran poder relajante.

Ejercicio 5: La respiración consciente.

Retoma el ejercicio 1. Puedes realizar este ejercicio de pie o sentado, en casi cualquier lugar y en cualquier momento. Todo lo que tienes que hacer es quedarte quieto y concentrarte en la respiración durante un minuto.

Comienza inhalando y exhalando lentamente. Un ciclo debe durar aproximadamente 6 segundos. Respira por la nariz y exhala por la boca, dejando que la respiración fluya sin esfuerzo. La respiración consciente es una práctica efectiva para la relajación.

Haz a un lado tus pensamientos por un momento y las tareas pendientes. Concéntrate exclusivamente en tu respiración durante un minuto.

Visión

Si no sabemos hacia dónde nos dirigimos, cualquier lugar podría ser válido. Encontrar el sentido de nuestra vida es fundamental, ya que es fuente de inspiración, motivación y guía para nuestras decisiones. La creación de nuestra visión, es decir, el "lugar al que queremos llegar", es el primer paso fundamental en cualquier plan, ya que da sentido a nuestras acciones.

Comprometerse con algo por lo que vivir, luchando día a día con entrega e involucramiento, significa establecer una serie de intereses y objetivos con los que nos comprometemos y que orientarán nuestras acciones. La forma en que nos movamos hacia esa poderosa idea determinará la altura del entusiasmo con que vivamos cada día a partir de hoy, y el nivel de pasión se convertirá en el nivel de energía con el que saltaremos de la cama cada mañana para ir a la conquista de nuestro propósito.

Todo esto influirá en nuestra percepción del tiempo, es decir, que el tiempo para nosotros pasará más rápido que para otros seres humanos, ya que nuestras actividades alineadas con nuestro propósito nos generarán energía, y ello pasará tan rápido que parecerá que el tiempo vuela.

Sebastián se preguntó: ¿cómo estructuro una visión o propósito?

Como resultado de sus investigaciones y experiencia laboral a lo largo de décadas, y en congruencia con diferentes teorías académicas, aplicó los principios empresariales para definir su visión, y a partir de ahí diseñó el norte de su vida, es decir, lo que lo movió, le inspiró y le apasionó, y logró determinar hacia dónde quería llegar en los siguientes treinta años a partir de ese momento de conciencia plena. Trabajando en el presente y el ahora para descubrir y diseñar el futuro.

En el mundo empresarial, la visión se define como la meta a la que se dirige la empresa a largo plazo, y sirve como rumbo y aliciente para orientar las decisiones estratégicas de crecimiento y competitividad. Según Arthur Thompson y A. J. Strickland, el simple hecho de establecer con claridad lo que se está haciendo hoy no dice nada del futuro de la compañía, ni incorpora el sentido de un cambio necesario y de una dirección a largo plazo. Hay un imperativo administrativo todavía mayor, el de considerar qué deberá hacer la compañía para satisfacer las necesidades de sus clientes mañana y cómo deberá evolucionar la configuración de negocios para que pueda crecer y prosperar.

La visión, denominada como el "sueño" de la empresa, es una declaración de aspiración de la empresa a mediano o largo plazo, es la imagen a futuro de cómo deseamos que sea la empresa más adelante. Su propósito es ser el motor y la guía de la organización para poder alcanzar el estado deseado.

Es un elemento clave en la planificación estratégica y puede ser una herramienta poderosa para motivar y alinear a los empleados.

Las diferentes teorías organizacionales proponen diferentes enfoques para crear y comunicar una visión corporativa efectiva.

Algunas teorías enfatizan la importancia de crear una visión que sea clara, realista y ambiciosa, y que inspire a los empleados a trabajar juntos hacia un objetivo común.

Otras teorías proponen la importancia de involucrar a los empleados en la creación de la visión, para que sientan una mayor propiedad y compromiso hacia su logro.

En general, la visión corporativa es importante porque establece la dirección y el propósito de la empresa, y proporciona una brújula para la toma de decisiones estratégicas

Para diseñar tu visión de vida, puedes hacerte preguntas como: ¿Qué quieres llegar a ser en los próximos cinco años? ¿Cuál es la imagen que debes proyectar en cada momento de tu vida a partir de ahora? ¿Qué es lo que quieres tener en los próximos cinco años? ¿Cuál es el sueño de tu vida?

En esta fase de entrenamiento, la visión puede ayudarme en dos aspectos importantes:

Cuando tengo dudas sobre una decisión, solo necesito alinear mi respuesta con mi visión. Si la decisión es coherente, congruente y está alineada con mi visión, entonces es la decisión correcta. Por ejemplo, si mi visión es convertirme en piloto de avión en cinco años, y me pregunto si estudiar fotografía está alineado con mi visión, la respuesta es sí, si esta decisión me ayudará a alcanzar mi objetivo de convertirme en piloto de avión.

La visión también puede proporcionarme motivación intrínseca o fuerza interior para alcanzar mis sueños. Por ejemplo, si mi visión es convertirme en un referente de balance, coherencia, efectividad y prosperidad en los próximos cinco años, ayudando a todas aquellas personas que en el proceso se crucen en mi camino, viviendo cada día como si fuera el último, respirando y disfrutando del aquí y ahora, entonces esta visión me dará la fuerza necesaria para trabajar duro y alcanzar mi objetivo.

Otros propósitos pueden incluir querer vivir cinco años más, dejar las drogas o el alcohol, superar el cáncer, convertirse en un profesional o crear las condiciones para que su hijo estudie en una determinada universidad. Estos propósitos dan sentido y fuerza al presente.

Sebastián se preguntaba cómo podría construir una visión a través de un ejercicio. Recordó uno de sus viajes y buscó un lugar lejano, seguro y libre de contaminación ambiental y de ruido. Luego, procedió a realizar un ejercicio de meditación consciente. Se acomodó, cerró los ojos, comenzó a respirar profundamente y dejó que los siguientes pensamientos fluyeran:

Uno aprende lo que piensa y lo refuerza expresándolo. Aunque no eres tus pensamientos, si los piensas, estás fabricando y reforzando una creencia increíblemente paradójica de ti mismo.

Detén tu inercia de pensamiento y permite que surjan nuevos pensamientos que te lleven a la visión que deseas alcanzar.

No te creas aquello que no es completa dicha, perfecta e infinita paz. Siléncíate, medita y reflexiona. No te pienses ni imagines, entrena tu mente con coherencia para no reforzar el miedo y el sufrimiento.

¿Estás en el mundo o es el mundo el que está en tu mente? No respondas a la ligera o reforzarás tu aprendizaje de antaño y seguirás atrapado en un absurdo bucle de dolor. Si buscas la dicha, hallarás pesar, y si anhelas la paz, encontrarás conflicto.

No te limites a los pensamientos conceptuales, ábrete a lo insospechado e inconcebible. No te anticipes al flujo del vivir con tus recelosos juicios. No te encarceles con ellos en un mundo de reducidas y reductoras hechuras.

Eres el espacio ilimitado en el que suceden los pensamientos. Tu mente real nunca ha sido esa mente pequeña y asustadiza que imaginas. Estate serenamente alerta en tu mente. No te distraigas con los pensamientos y los deseos de ellos derivados. No te identifiques con ninguno, ni tampoco los combatas. Decide con determinación quedarte en paz y ser feliz ahora, a pesar de todos ellos. Sé constante en tu decisión y, de manera natural, estarás presente. Sé presencia y, con sencillez, estarás consciente. Sé consciencia y, de repente, la plenitud. Exprésala, extiéndela y vive la certeza de "no dos".

La dispersión se disipa en la presencia y la inconsciencia nunca es posible en la consciencia. Por tanto, la separación es ilusoria. Que esto no quede en mera teoría y aplícalo. Que sea experiencia viva, ahora. Nunca más el miedo y su angustiante, desconfiada, fraccionada y dolorosa manera de relacionarse. Ahora, siempre ahora, la completa dicha de ser y la paz perfecta e infinita.

Visualiza un espejo limpio y brillante dentro de una hermosa casa en medio de una pradera verde con olor a naturaleza. Muchas flores de diversos colores te rodean, y estás en medio de una amplia sala. Frente a ti se encuentra un ser humano hermoso de cuerpo, mente, alma y espíritu, a quien has aprendido a perdonar por todo aquello que no comprendiste y de lo que no fuiste responsable. Este ser eres tú mismo, a quien amas.

Ahora, visualízate a ti mismo dentro de cinco años. Has aprendido a amarte, respetarte y perdonarte, y has logrado todo lo que deseas. Respira profundamente y dime, ¿qué es lo que ves? Recuerda que soñar es gratis, por lo que te pido que lo hagas con toda soltura, bondad y sueñes todo lo que quieras sobre ti."

Toma una respiración profunda y visualízate en diez años. ¿Qué ha pasado contigo, con tu hermosa casa, con tu familia? ¿En quién te has convertido, dónde vives y cómo vives? Siente cada sensación de esta nueva visión de ti mismo a diez años. Tómate unos segundos para entender esto, disfrútalo y mira a tu alrededor. ¿Qué ha pasado con las personas importantes en tu vida, tus metas?

Toma otra respiración profunda y mira en el espejo. Han pasado cincuenta años, ¿todavía estás aquí? ¿Cómo ha transcurrido tu vida? ¿Qué ha sido de tus seres queridos y sus metas? ¿Has sido un ser de luz para ellos? ¿Cómo has contribuido para que sus vidas sean plenas y para hacer de este mundo un lugar mejor? ¿Recuerdas el nombre de esa persona especial que vino al mundo gracias a ti?

Ahora han pasado sesenta años, y definitivamente ya no estás en esta tierra. Piensa en todas las personas que conociste alguna vez y cómo tu fugaz existencia ha tocado sus vidas. Tómate unos segundos para suspirar profundamente y responder a esta pregunta: ¿Cuál es mi propósito en esta vida? Ahora escribe lo que te gustaría que aparezca en tu lápida.

Toma otra respiración profunda y regresa al presente, agradecido por este ejercicio que te ha permitido construir tu visión o propósito.

Misión

En el mundo empresarial existe un concepto clave conocido como la "misión". Después de haber practicado la comunicación con su "oscuridad o miedos" a través del mindfulness, Sebastián consideró importante diseñar su razón de ser, es decir, su propia misión.

La misión corporativa es una declaración breve y concisa que define el propósito fundamental de una empresa, su razón de ser y su enfoque estratégico.

Las diferentes teorías organizacionales proponen diferentes enfoques para crear y comunicar una misión corporativa efectiva.

Algunas teorías enfatizan la importancia de que la misión sea clara, concisa y enfocada, de tal manera que pueda guiar la toma de decisiones estratégicas y operativas en la empresa.

Otras teorías proponen la importancia de que la misión corporativa sea relevante para los empleados, para que puedan sentir una mayor conexión con el propósito de la empresa y contribuir a su logro.

En general, la misión corporativa es importante porque establece la dirección y el propósito de la empresa, y proporciona una guía para la toma de decisiones estratégicas y operativas. Además, puede ser una herramienta poderosa para motivar y alinear a los empleados en torno a los objetivos de la empresa

Considerando que nuestra vida es como nuestra propia empresa, debemos emular este principio en nuestra vida cotidiana. Los clientes pueden ser tanto internos como externos, con los internos como nuestra familia y los externos como nuestros amigos y vecinos. En el mundo empresarial, los clientes internos son los colegas de trabajo y los clientes externos son aquellos que compran o interactúan con la empresa.

Invito al lector a realizar un ejercicio de coaching para construir su propia misión:

¿Cuál es tu actividad? (personal, emprendimiento o empresarial):

____

En base a esta definición, ahora responde las siguientes preguntas:

☐ ¿Cuáles son los tres valores que rigen tu estilo de vida, o el de tu emprendimiento o el de tu empresa?

1. ___________
2. ___________
3. ___________

☐ Para definir la misión de tu persona, emprendimiento o empresa, debemos tener claridad sobre tres aspectos:

1. Tu identidad.
2. Tu actividad.
3. Tu finalidad.

En este marco, debes responder preguntas para cada dimensión:

1. Tu Identidad:
   a. ¿Quién eres?
   b. ¿Quiénes somos?
2. Tu Actividad:
   a. ¿Qué haces?
   b. ¿Qué hacemos?
   c. ¿Qué valor entregas?
   d. ¿Qué vendes realmente?
3. Tu Finalidad:
   a. ¿Quién es nuestro cliente?
   b. ¿Para quién trabajamos?
   c. ¿Qué necesidad cubrimos de nuestro cliente?

Una vez que hayas respondido a estas preguntas, podrás elaborar tu propia misión. Un ejemplo podría ser: Vivir plenamente cada segundo, tomando conciencia del aquí y ahora, sin juzgarme, sin criticarme, sin angustiarme, entendiendo que las otras personas no definen mi actitud ante la vida, contribuyendo positivamente de manera sana y contundente en mi entorno.

Te sugiero que escribas tu misión en una cartulina y la pegues en un lugar visible, como tu habitación, para que la puedas leer todos los días al despertarte.

Es importante recordar que la misión es una herramienta clave para lograr el propósito, como lo afirmaba el doctor Viktor Frankl, fundador de la logoterapia, quien sobrevivió a varios campos de concentración nazis y en su libro "El hombre en busca de sentido" afirmaba que el hombre que encontraba un propósito, a pesar de las dificultades de la vida, seguía vivo luchando por contribuir a la humanidad con su experiencia.

Por tanto, la misión es fundamental para establecer nuestra razón de ser como persona o empresa, y alinear y sostener nuestras acciones para alcanzar nuestra visión.

Para lograrlo, te invito a hacer una lista de acciones clave por día, que te permitan crear nuevas actividades y descubrir momentos de armonía, positividad y seguridad personal para tu cuerpo, mente, alma y espíritu.

a) **Cuerpo:** Elije tres acciones nuevas que permitan a tu cuerpo estar alineado con tu misión (ejercicios, dieta, etc.):
   1.- ______________________________
   2.- ______________________________
   3.- ______________________________

b) **Mente:** Elije tres pensamientos positivos anclas, recurrentes, que te empoderen y te ayuden a fortalecer tu seguridad y tu bienestar. O elije tres libros que te acompañen o estén alineados con tu misión. Pensamientos que permitan alinear tu disciplina y así poder llegar a tu propósito:
   1.- ______________________________
   2.- ______________________________

3.- ____________________________

c) **Alma:** Elije tres emociones poderosas en las que tengas que trabajar a partir de ahora, vale decir que las conviertas en recurrentes y que sostengan tu fortaleza, tu estado de bienestar:

1.- ____________________________
2.- ____________________________
3.- ____________________________

d) **Espíritu:** Elije tres actividades que te permitan construir y fortalecer tu conexión con el universo. Actividades que permitan alinear tu cuerpo, mente y alma y así poder llegar a tu propósito:

1.- ____________________________
2.- ____________________________
3.- ____________________________

Eliminar viejos hábitos que promueven emociones negativas, en los cuatro niveles. Corresponde hacer una lista de tres elementos limitantes en cada nivel, que debemos dejar atrás desde hoy, aquí y ahora:

- Cuerpo:
  a) ____________
  b) ____________
  c) ____________

- Mente:
  a) ____________
  b) ____________
  c) ____________

- Alma:
  a) ____________
  b) ____________
  c) ____________

- Espíritu:
  a) ____________
  b) ____________
  c) ____________

El orden de las herramientas

Sebastián, considera y propone lo siguiente:

En relación con la estrategia de este libro, es clave considerar y proponer el orden de las **próximas cinco herramientas**.

Se requiere mucha **disciplina** para emprender un desafío contra la persona que más te conoce: tú mismo.

Es necesario **enfocarse** para no distraerse con motivaciones externas que ingresan a través de tus sentidos y distracciones intrínsecas que nacen del hábito de dejarte llevar por tus diálogos saboteadores.

La **perseverancia** es fundamental, tal como decía mi instructor en el gimnasio, ya que esta será el camino diario hacia la meta.

El **temple** es el balance y la coherencia interior que todos los generales que conquistaron grandes guerras tenían cuando se encontraban en batallas llenas de amenazas y vicisitudes propias de un campo de acción, donde principalmente eres tú mismo quien tiene el control de tu temple.

Finalmente, cuando hayas logrado los niveles de experiencia y llegado al concepto denominado "competencia" (es decir, ser competente) y te permitas subir tu calidad de vida, debes internalizar la última herramienta milenaria propia de los dioses de las mitologías, la cual podrá hacer la diferencia y en algunos casos cambiará la estructura de tu comportamiento. Me refiero a la **integridad**, ya que, sin ella, nada de lo que hicimos hasta ahora será sostenible.

Es importante detallar cada una de estas herramientas y cómo se internalizan para crear habilidades.

Las habilidades son necesarias para lograr un objetivo. Por ejemplo, si queremos participar en una caravana de bicicletas por el campo y no sabemos manejar, no es el fin del mundo. Simplemente debemos aprender la habilidad de manejar bicicleta. ¿Será difícil? Sí, especialmente mientras más lejos de la niñez nos encontremos, pero lo cierto es que no es imposible. De esta manera, podemos encarar la vida. Estas herramientas son habilidades que debemos internalizar para iniciar nuestro camino hacia lo mejor de nosotros mismos.

A diferencia de la psicoterapia, el Coaching trabaja a partir del aquí y ahora. Esto quiere decir que no importa si nacimos en una familia disonante, si nacimos sin una familia, si perdimos nuestros bienes o si cambiamos nuestro estado económico de un día para otro. Es evidente que un cambio implica un desafío y puede generar miedo. Sin embargo, la propuesta es que no importe lo que pasó ayer. Hoy podemos comenzar de nuevo, una y mil veces, cada día. Podemos soñar, podemos crear, podemos permitirnos ser niños y llegar a ese estado de magia que teníamos en algún momento de nuestras vidas, con la ventaja de que somos más fuertes que antes. Podemos emprender la búsqueda de nuestro nuevo propósito utilizando nuestras nueve herramientas para lograr nuestro propósito en la vida.

Debo ser sincero contigo, amigo lector. Lo más difícil será practicar el uso de cada una de estas herramientas diariamente y de manera consciente durante al menos veintiún días seguidos. Después de ese período, descansa siete días y continúa de nuevo por otros veintiún días seguidos. Descansa una semana y repite el ciclo por al menos seis meses. Después de ese tiempo, ya no será necesario contar el tiempo, sino que se convertirá en un estilo de vida. Esto es fundamental si decides cambiar tu vida.

Disciplina

La disciplina es la capacidad, habilidad, competencia y convicción que nos permitirá cumplir con nuestras tareas, sin importar si tenemos o no deseos de llevarlas a cabo. Sin disciplina, lograr objetivos como ahorrar, bajar de peso, dejar de fumar o hacer ejercicios se vuelve difícil, sino imposible. Según Wikipedia, "disciplina" (en su forma más simple) es la coordinación de actitudes, con las cuales se instruye para desarrollar habilidades más rápido o para seguir un determinado código de conducta u "orden". La disciplina es el método, la guía o el saber de una persona, sobre todo en lo referente a cuestiones morales.

La disciplina no es más que elegir entre lo que quieres ahora y lo que más deseas" (Brown, B., 2020). Esta frase, extraída del libro "Dare to Lead" de Brené Brown, redefine la disciplina como una habilidad de elección consciente, enfocada en lograr metas a largo plazo. Esta visión moderna y disruptiva resulta atractiva para el contexto de El Poder de tu Voluntad, al destacar la disciplina como un camino hacia lo que realmente valoran y aspiran alcanzar.

Esta herramienta es fundamental para poder emprender nuestra nueva empresa, denominada "Construyendo el poder de mi voluntad". Sin la habilidad reforzada de ser disciplinado, nos será muy difícil llegar a cualquier meta. Aunque es cierto que se aprende desde la niñez, no quiere decir que no podamos aprender ahora. Para lograr la autodisciplina, es importante considerarla como un tipo de entrenamiento selectivo, creando nuevos hábitos de pensamiento, acción y habla orientada hacia una mejora personal y el logro de objetivos.

Los siguientes tips pueden ayudar a desarrollar la autodisciplina:

- ✓ Ingresar a un gimnasio o iniciar un nuevo deporte como el Kung Fu, natación o comenzar a trotar.
- ✓ Agendar una tarea específica para un momento del día.
- ✓ Agendar una tarea en particular para la mañana y otra para la noche.
- ✓ La tarea no debe llevar más de 10 minutos.
- ✓ Esperar de manera consciente el momento agendado.
- ✓ Comenzar con la tarea cuando se haya cumplido el tiempo.

- ✓ Repetir el ejercicio por lo menos veintiún días.
- ✓ Aplicar esta técnica a las tareas en el hogar o a los proyectos.
- ✓ Utilizar la autodisciplina para mejorar el manejo del tiempo.
- ✓ Registrar el comienzo y el final de las tareas.
- ✓ Esquematizar el día laboral y de estudios.
- ✓ Priorizar la lista de tareas.
- ✓ Definir bien lo que se quiere.
- ✓ Armar un plan para el día.
- ✓ Alejar las tentaciones.
- ✓ Visualizar el objetivo.
- ✓ Alejar el estrés, dormir, descansar, reír y divertirse.
- ✓ Realizar las partes menos atractivas primero.
- ✓ Hacer una rutina.

Es importante recordar que se tiene el control de lo que se piensa, se dice y se hace, y que se puede tener congruencia pura en la esencia. Cuando se sienta desaliento, se debe recordar la misión y visión, detenerse, respirar, sentir el contexto y vibrar con la vida. También es importante recordar que la noche termina con el amanecer y que las tormentas más fuertes terminan como todo en la vida. Se debe sentir placer en la tarea, ya que es para uno mismo y solo se entiende qué es lo que se está haciendo.

Por último, cuando sientas desaliento, solo recuerda tu misión y visión, detente, respira, siente tu contexto, vibra con la vida, recuerda que la noche termina con el amanecer, las tormentas más fuertes terminan como todo en la vida, siente placer en tu tarea, es para ti y solo tú entiendes qué es lo que ahora estás haciendo, aleja a Coco de tus metas, tú tienes el control, la libertad de ser, estás en el aquí y ahora.

Proceso de Self-Coaching

(QUE)	**(COMO)**	**(QUIEN)**	**(CUANDO)**	**(CUANTO)**
Debe comenzar en verbo y responder a: - *¿Cuál es la idea más importante para ti de este capítulo?* - *¿Qué te inspira y crees que te gustaría lograr a propósito de este capítulo?*	Por favor piensa en tres acciones que te permitirán alcanzar el (QUE) de la primera columna.	Por favor escribe el nombre del único responsable de tus logros a partir de hoy.	Establece tu cronograma, fechas de inicio y fin de cada acción.	Debes fijar tu presupuesto para esta meta.
<u>Ejemplo:</u> *Establecer, alcanzar, lograr, etc., la felicidad como ventaja en vida…*	1.- 2.- 3.-			

Enfoque

Cuando cinco competidores participan en una competencia de 100 metros y entrenan con el mismo coach, nutricionista y utilizan la misma infraestructura, ¿por qué solo uno de ellos gana? El primer corredor pensaba en el público presente, el segundo en su madre que lo estaba viendo, el tercero en su novia que asistía al evento, el cuarto en su competidor vecino y el quinto corredor no pensaba en nada, sino que estaba enfocado en su misión y visión. Durante los escasos 10 segundos que duró la carrera, el quinto corredor realizó unas 45 zancadas con una velocidad media de 37 km/h, manteniendo su enfoque en el presente y en su objetivo: ganar la competencia y luego el campeonato.

Quiero hablar sobre el enfoque y no puedo dejar de mencionar a Milkha Singh, un atleta velocista hindú que nació en la ciudad Panyabi de Lyallpur (hoy Faisalabad) en el subcontinente hindú a mediados de los años treinta. La historia de este famoso atleta es un verdadero ejemplo del uso de todas las herramientas necesarias para tener éxito, especialmente el enfoque. Singh tenía 11 años cuando la India se independizó y se dividió en Pakistán en 1947, lo que dejó su región en el estado musulmán de Pakistán. Como resultado, los padres de Singh, pertenecientes a una familia de terratenientes, fueron brutalmente asesinados delante de él a sus once años. Singh fue acogido en un pueblo indio y tuvo una adolescencia difícil.

A sus veinte años, Singh entrenó intensamente para batir el récord nacional y ser seleccionado como atleta, lo logró incluso descalzo y herido en el pie. Luego fue seleccionado para los Juegos Olímpicos de 1952 en Melbourne, Australia, donde perdió en las carreras de 200 m y 400 m. A pesar de esta derrota, Singh se motivó para continuar su entrenamiento, incluso en el desierto, lo que lo llevó a convertirse en uno de los atletas más fuertes y enfocados de su época.

Solo al imaginar la cantidad de recuerdos duros y traumas terribles de este niño de apenas once años, que ha llegado a ser un notable atleta, me pregunto: ¿por qué algunas personas que han pasado por procesos dolorosos pueden sobreponerse y salir adelante, mientras que otras que han tenido todo en su adolescencia terminan sus vidas en el más triste final que un ser humano puede tener? ¿Dónde radica el propósito? El hecho de que no podamos verlo no significa que no exista. Todos tenemos en el más recóndito y oscuro rincón de nuestro ser ese fuego interior esperando ser encendido. La cuestión es: ¿estás dispuesto a trabajar duro para encender ese poder?

En 1958, Milkha estableció registros para la carrera de doscientos y cuatrocientos metros en los Juegos Nacionales de la India y también ganó medallas de oro en los mismos eventos en los Juegos Asiáticos. Luego ganó una medalla de oro en los cuatrocientos metros (cuatrocientas cuarenta yardas) en los Juegos de la Mancomunidad de 1958 con un tiempo de 46,6 segundos. Hasta entonces, ningún atleta hindú había ganado una medalla de oro individual en atletismo. Su historia es un maravilloso ejemplo de enfoque y coraje. Algunas fuentes indican que estableció un récord mundial de 45,8 segundos en Francia, mientras que en India se dice que ganó 77 de 80 carreras.

Milkha Singh dijo una vez: "Trabajo duro, voluntad y dedicación".

El enfoque es una habilidad que se desarrolla al conducir la atención hacia un tema, cuestión o problema desde unos supuestos desarrollados con anticipación a fin de resolverlo de modo acertado. Considero que sería muy difícil asumir un desafío si antes no construimos esta habilidad de enfoque. El nivel de concentración y deseo por lograr un objetivo determinará el nivel de enfoque y resultado.

Estar enfocado significa pensar únicamente en tu meta, sin distraerte, sin apasionarte, sin emocionarte, sin desmoralizarte, sin pensar en nada más que en tu objetivo. El enfoque es la habilidad de tener conciencia plena del objetivo sin prestar atención a las distracciones. Es escuchar tu corazón, cada latido, mientras avanzas hacia tu sueño.

Sebastián recordó que Daniel Goleman, en una de sus obras magistrales, "Focus", presentó una magnífica explicación sobre este apasionante aspecto para la construcción de nuestro propósito.

Según Goleman, la ciencia nos dice que nuestra capacidad de atención determina nuestro desempeño al realizar una tarea. Esta competencia implica operaciones básicas que incluyen el razonamiento, la memoria, el aprendizaje y la percepción de las emociones de los demás para establecer relaciones. La ciencia cognitiva estudia una amplia variedad de habilidades, que incluyen la concentración enfocada en un punto, la atención selectiva, la conciencia ampliada y la manera en que la mente dirige la atención hacia adentro para supervisar y realizar operaciones mentales. En estos mecanismos esenciales de nuestra vida mental se apoyan habilidades vitales, como el autoconocimiento, que promueve la autogestión, y la empatía, la habilidad básica para establecer relaciones. Estos son los cimientos de la inteligencia emocional, y no conocer estos aspectos puede debilitar la efectividad para lograr el éxito en la vida. Este proceso se puede resumir en una triada: la atención que se dirige hacia el interior, hacia los demás o hacia el contexto. Una vida satisfactoria exige destreza en cada una de estas facetas.

Para poder construir esta habilidad, Sebastián recomienda estos ejercicios:

1) Salir a correr o caminar por distancias y periodos cortos con el único propósito de cumplir con el desafío, pensando solo en un propósito durante la carrera (tú eliges cuál será ese propósito). Realizar este ejercicio por veintiún días seguidos.

2) Ejercitar meditación corta de cinco minutos una vez al día durante veintiún días.

3) Cocinar una receta que te inspire, sin hacer absolutamente nada más que eso.

4) Estudiar un tema específico controlando que tu mente no se desvíe del enfoque.

5) Leer este libro hasta terminar, anotando y resaltando las ideas que te conectan contigo mismo, sin distracción y sin abandonar la meta.

6) Resolver periódicamente el juego Sudoku sin distraerte hasta terminar un juego.

(QUE) Debe comenzar en verbo y responder a: - *¿Cuál es la idea más importante para ti de este capítulo?* - *¿Qué te inspira y crees que te gustaría lograr a propósito de este capítulo?*	**(COMO)** Por favor piensa en tres acciones que te permitirán alcanzar el (QUE) de la primera columna.	**(QUIEN)** Por favor escribe el nombre del único responsable de tus logros a partir de hoy.	**(CUANDO)** Establece tu cronograma, fechas de inicio y fin de cada acción.	**(CUANTO)** Debes fijar tu presupuesto para esta meta.
<u>Ejemplo:</u> *Establecer, alcanzar, lograr, etc., la felicidad como ventaja en vida…*	1.- 2.- 3.-			

Perseverancia

A los veintiún años, fracasó en los negocios; a los veintidós, en su carrera legislativa; a los veinticuatro, de nuevo en los negocios; a los veintiséis, tuvo que enfrentar la muerte de su novia; a los veintisiete, sufrió un ataque de nervios; perdió la contienda por el congreso a los treinta y cuatro; perdió las elecciones para el senado a los cuarenta y cinco; a los cuarenta y siete, intentó, sin éxito, convertirse en vicepresidente; a los cuarenta y nueve, perdió nuevamente las elecciones para el senado y, finalmente, a los cincuenta y dos años se convirtió en el presidente de los Estados Unidos. Este perseverante hombre se llamaba Abraham Lincoln.

***

Un discípulo le preguntó a Thomas A. Edison por qué persistía en construir una bombilla si, tras más de mil intentos, no había conseguido más que fracasos. Él respondió: "No son fracasos, he descubierto mil maneras de cómo no se debe hacer una bombilla".

***

El prisionero estuvo preso durante veintisiete años, lo encerraron por pensar diferente y él perseveró durante cada una de esas doscientas treinta y seis mil quinientas veinte horas en su visión. Su nombre era Nelson Rolihlahla Mandela, el primer mandatario de raza negra que encabezó el poder ejecutivo y también el primero en resultar elegido por sufragio universal en Sudáfrica como presidente de la República. Fue un abogado, activista contra el apartheid, político y filántropo.

***

No tener una visión clara, haber tenido todo en la vida de manera fácil, creer que el éxito es producto de la suerte o de un accidente, tener como hábito rendirse al primer obstáculo, entre otros, son los antivalores de la perseverancia, las barreras. Si te identificas con alguno de ellos, debes considerar oportuno seguir los pasos para revertirlo.

La perseverancia es un valor que integra el compromiso, el trabajo duro, la paciencia y la resistencia.

Significa que debes interiorizar, comprender y aceptar el desafío de ser capaz de enfrentar las dificultades con serenidad y sin quejarte, comprendiendo que, si resistes, nada puede detenerte. Ignora las distracciones y enfócate en la meta que te has propuesto, ya que tú eres quien establece las barreras y las limitaciones. Si deseas algo, ve tras ello y no te detengas hasta lograrlo.

"Perseverancia es el arte de fallar y seguir adelante con entusiasmo" (Duckworth, A., 2016). En su libro "Grit: The Power of Passion and Perseverance", Angela Duckworth presenta la perseverancia como *una mezcla de pasión y persistencia*. Este concepto, presentado especialmente en el contexto de nuestra obra, enfatiza la importancia de mantener el entusiasmo y la dedicación a pesar de los contratiempos. Resalta que el verdadero éxito y el aprendizaje provienen de enfrentar y superar los desafíos, transformando cada fracaso en un escalón hacia el logro de nuestra visión.

Para desarrollar esta habilidad, es importante que:

• Definas tu visión (es decir, tu meta).

• Definas tu misión (cómo lograrlo).

• Amar lo que haces (apasionarte y sentir amor propio).

• Resistas y perseveres, incluso cuando duelen los músculos (solo tú conoces tus límites y puedes superarlos).

• Mantener el enfoque (centrarte solo en el objetivo).

• Mantener el equilibrio (encontrar la paz interior y amarte a ti mismo).

• Convertir la perseverancia en un hábito (tu nuevo estilo de vida).

• Buscar rodearte de personas perseverantes (como los lobos que buscan estar con otros lobos, así como los leones, los elefantes y otros animales perseverantes).

Recuerda que, si realmente deseas algo, debes estar dispuesto a intentarlo una y otra vez hasta lograrlo. La perseverancia es la clave para superar los desafíos y alcanzar tus metas.

Perseverancia es la chispa que convierte las pequeñas acciones en grandes éxitos. Es persistir cuando todo parece desvanecerse, mantenerse firme ante las olas de la duda y seguir nadando contra la corriente de los desafíos. Esta fuerza interior te impulsa a levantarte cada vez que caes, recordándote que cada paso, no importa cuán pequeño, te acerca a tus sueños.

Imagina la perseverancia como un faro en la oscuridad, guiándote a través de la niebla de los fracasos. Es la determinación de continuar tu viaje, incluso cuando el camino está lleno de obstáculos. Es creer en la luz de tus metas, incluso cuando el mundo parece sumido en sombras, y caminar con la certeza de que cada amanecer trae nuevas oportunidades.

Perseverancia es pintar tu lienzo de vida con los colores de la esperanza y la resiliencia. Es como un artista que, pincelada tras pincelada, supera los errores y mejora su obra. Es entender que el verdadero arte de vivir no está en evitar los errores, sino en cómo los transformas en parte de tu majestuosa obra maestra.

La perseverancia es la melodía que toca el corazón de los valientes. Es como una canción de cuna para los sueños, susurrando que 'puedes' cuando el mundo grita 'no puedes'. Es danzar al ritmo de tus pasiones, sin perder el paso frente a los desafíos, y componer la sinfonía de tu vida con notas de coraje y constancia.

Piensa en la perseverancia como un río que talla su camino a través de las montañas. No se detiene ante las rocas ni se rinde ante las curvas; simplemente sigue fluyendo, sabiendo que cada giro lo acerca más a su destino. Es el poder de mover montañas gota a gota, con la firme convicción de que el mar de los sueños está al final de tu viaje.

Proceso de Self-Coaching

(QUE)	(COMO)	(QUIEN)	(CUANDO)	(CUANTO)
Debe comenzar en verbo y responder a: - *¿Cuál es la idea más importante para ti de este capítulo?* - *¿Qué te inspira y crees que te gustaría lograr a propósito de este capítulo?*	Por favor piensa en tres acciones que te permitirán alcanzar el (QUE) de la primera columna.	Por favor escribe el nombre del único responsable de tus logros a partir de hoy.	Establece tu cronograma, fechas de inicio y fin de cada acción.	Debes fijar tu presupuesto para esta meta.
<u>Ejemplo:</u> *Establecer, alcanzar, lograr, etc., la felicidad como ventaja en vida…*	1.- 2.- 3.-			

Temple

Sebastián, recientemente nombrado gerente general hacía escasos ocho meses, comenzaba a sentir el peso de la responsabilidad. El directorio, del que dependía, albergaba dudas sobre su capacidad, dado que no estaba adecuadamente informado sobre los progresos y desafíos de la empresa. Bajo su liderazgo, un equipo de doscientas personas se dividía en cinco áreas, cada una liderada por un subgerente. En producción, donde se congregaba el 35% del personal, incluso se había creado un sindicato. Este último consideraba realizar una huelga exigiendo que los pagos por "destajo" fuesen incorporados a su salario como un derecho.

Mientras tanto, en el área administrativa, un video de seguridad reveló a un jefe involucrado en un escándalo con una secretaria. Los vendedores luchaban para cumplir sus metas; dos de ellos habían vendido a familiares para lograrlo. Un cobrador veterano, sin escrúpulos, recibía dinero de clientes que ya habían saldado sus cuentas, guardando para él estos ingresos ilícitos. A nivel personal, Sebastián atravesaba un complicado panorama: llegaba tarde a casa casi a diario, su hijo mayor enfrentaba acoso escolar, su esposa sentía que él descuidaba a la familia, y sus padres, a quienes no veía desde hace cuatro años, ansiaban su presencia, especialmente su padre, quien secretamente luchaba contra un cáncer desde hacía años.

Un día, después de visitar a un cliente, Sebastián decidió detenerse en la plaza principal de su ciudad. Aquel espacio, con aire colonial, resaltaba por su iglesia de cuatro siglos de antigüedad, su exuberante vegetación y árboles centenarios como palmeras, eucaliptos, roble maulino, raulí, coigüe y ciprés de la cordillera. Mientras observaba a los niños jugar y las aves volar, consideró seriamente renunciar. Absorto en sus pensamientos, fue abordado por un anciano de cabellos blancos y larga barba, que asemejaba a un Santa Claus pero esbelto y flaco. Sin saber por qué, Sebastián aceptó su compañía.

El desconocido, con una naturalidad sorprendente, entabló conversación con Sebastián. Algo en ese anciano capturó completamente la atención del joven gerente, llevándolo a confesar sus deseos de abandonar todo ante el caos que sentía en su vida.

El anciano, con una mirada serena y paternal, escuchó atentamente. Luego comenzó a hablar:

En un universo en perpetua metamorfosis, la supervivencia favorece al que mejor se adapta. La competencia aviva nuestra capacidad de adaptarnos, haciéndonos conscientes de que la realidad es un flujo incesante. El mayor peligro acecha en las sombras de nuestro interior. Y ese periplo introspectivo que nos conduce a la esencia de nuestro ser, hallando respuestas a los retos que nos asedian, es lo que se conoce como "**temple**".

"Explícame eso de nuevo", solicitó él, mientras las pupilas de Sebastián se dilataban reflejando la intensa atención que prestaba a las palabras del anciano, quien ahora capturaba completamente su interés.

El enigmático hombre usó la naturaleza como metáfora para ilustrarle a Sebastián que, desde tiempos inmemoriales, la humanidad ha estado expuesta a cambios imprevisibles, sobreviviendo únicamente aquellos que supieron adaptarse con celeridad. No fueron los más robustos ni los más grandes, como los dinosaurios, los que perduraron, sino aquellos que demostraron un mayor temple, como los reptiles. "Esto significa, Sebastián, que debes comprender que todo gerente tiene sus 'stakeholders' o grupos de interés", explicó. "En tu caso, y según me relatas, cada uno de ellos representa un interés distinto para ti, y cada uno espera algo específico. La clave está en que identifiques esos requerimientos y, a partir de ahí, trabajes para establecer un orden de prioridades que te permita abordar cada reto o 'problema' por pequeño que sea".

No obstante, más allá de un dilema de gestión que puede ser sistematizado, a menudo lo que realmente inhibe la habilidad de un gerente para llevar a cabo una gestión eficaz es el tumulto interno que reside en su corazón y mente. En psicología, esto se conoce como 'diálogo interno' y se refiere a esas conversaciones que mantenemos con nosotros mismos.

El diálogo interno engloba una amalgama de consideraciones, hipótesis, normas, derechos, juicios, expectativas, remembranzas, valoraciones y atribuciones de significados que se activan continuamente en respuesta a estímulos tanto externos (eventos, comportamientos de otros, etc.) como internos (sensaciones físicas, pensamientos, recuerdos, etc.). Cada individuo experimenta este diálogo a distintas velocidades y con variados matices y tonalidades no verbales, dependiendo del estado emocional en el que se encuentre.

De acuerdo con la teoría del desarrollo del lenguaje y el pensamiento de Vygotsky, la interiorización del lenguaje representa un hito evolutivo esencial, dado que posibilita la emergencia de funciones psíquicas superiores. Aproximadamente a los 3 años, el lenguaje se bifurca en dos vertientes:

- Comunicativa: orientada hacia los otros.

- Egocéntrica: enfocada en uno mismo, con el propósito de guiar el pensamiento, solucionar problemas y organizar acciones personales (lenguaje regulativo).

Este diálogo interno, que inicialmente es expresado por el niño en voz alta, está destinado a ser internalizado al arribar a la segunda infancia, hacia los 7-8 años. Este monólogo interno congrega todas las reflexiones que el individuo dirige hacia sí mismo y, mediante él, se orientan sus acciones.

Existen, sin embargo, variantes de diálogos internos que pueden ser perjudiciales:

- Diálogo autocrítico: el individuo se critica de manera desfavorable, minimizando sus logros y magnificando sus falencias. Posee una escasa autoestima y está en una búsqueda constante de lo que podría completarlo, sintiéndose insatisfecho por no alcanzar las expectativas. En futuras lecturas, podrás profundizar en la autocrítica y cómo gestionarla.

- Diálogo catastrofista: el sujeto se halla en una necesidad imperante de anticiparse a situaciones que percibe como peligrosas, motivado por el temor de que, si algo adverso acontece, será él mismo el afectado. Este estado de alerta y previsión continua genera una ansiedad creciente hacia lo venidero, junto con una necesidad excesiva de control y un desgaste emocional palpable.

- Diálogo victimista: el individuo posee la convicción de que la vida es un cúmulo de adversidades. Se percibe atrapado en un laberinto sin escapatoria, sin herramientas para superar los retos que la existencia le plantea, manteniendo una perspectiva sombría tanto de la vida como de sus propias habilidades. Predomina en él un sentimiento de vulnerabilidad y desesperanza.

- Diálogo autoexigente: El individuo se demanda en exceso, generando fatiga y una intolerancia hacia los propios errores. Esta actitud le conduce a un estado de estrés crónico, dejándolo exhausto, desprovisto de herramientas y con la convicción de que debe esforzarse aún más para alcanzar sus metas.

El diálogo interno, ese ruido constante en nuestra mente, es manejable, y la herramienta idónea para ello se denomina: temple.

Dentro de las organizaciones, el temple emerge como una competencia cardinal. Representa la habilidad de actuar con serenidad y control al enfrentar decisiones asertivas en cualquier circunstancia. Esta competencia permite alcanzar los objetivos trazados, incluso en contextos cambiantes y altamente dinámicos.

Para un gerente, cultivar esta habilidad es esencial si desea obtener resultados destacados.

Una de las técnicas para afianzar el temple se centra en el diálogo interno. Denominada "self-talk", esta estrategia busca potenciar la habilidad de inducirse a uno mismo el estado emocional anhelado, ya sea autocontrol, concentración, energía, autoestima, una motivación positiva o una gestión óptima de los recursos personales.

El anciano, que parecía ser un personaje de una fábula, compartió con Sebastián algunos consejos para nutrir y consolidar su temple:

- Evita centrarte en los desenlaces finales de los escenarios caóticos que tu mente pueda imaginar.

- Usa la segunda persona al dialogar contigo mismo. Los estudios indican que es más efectivo usar la segunda persona singular en vez del "yo".

- Proporciónate instrucciones claras y concisas: "concéntrate", "mantente sereno", entre otras.

- Prefiere el "quiero" en lugar del "debo". El "quiero" te sitúa en una posición de liderazgo y te motiva a gestionar mejor las situaciones. Por ejemplo: "Realmente quiero superar este reto".

- Limita o, idealmente, elimina la palabra "NO". La mente humana no procesa inmediatamente la negación. Antes de negar un pensamiento, debes visualizarlo y posteriormente "descartarlo". Para concebir soluciones y optimizar tus recursos, es más conveniente habituarse a expresiones positivas. En lugar de decir "no te distraigas", opta por "concéntrate".

- Identifica y transforma pensamientos disfuncionales en constructivos: presta atención a tus expresiones negativas o desmotivadoras y trabaja en cambiarlas por afirmaciones positivas y alentadoras. Con el tiempo y la práctica, este cambio se tornará más fluido y natural. En este artículo, te brindamos ejemplos de afirmaciones inspiradas en la psicología positiva.

Sebastián empezó a percibir, en cada consejo, aquello que había dejado de lado: su auténtica esencia y su anhelo más profundo, que era consolidarse como el mejor gerente de su época. Con una renovada claridad y una paz interna que le inundaba, comenzó a esbozar posibles acciones a seguir, reflexionando:

"He enfrentado desafíos tanto en el ámbito laboral como en el personal. Mi falta de temple me ha nublado y desviado de las respuestas que, en realidad, siempre estuvieron en mí. Podría empezar descomponiendo este 'macroproblema' en 'minidesafíos' más manejables".

Desafíos Organizacionales:

- Comunicación con el Directorio: Programar reuniones regulares con la junta directiva para mantenerlos informados sobre los avances, desafíos y soluciones adoptadas.

- Organización de Equipos: Implementar talleres de cohesión grupal y liderazgo con el fin de fortalecer la comunicación y unidad entre los equipos y sus líderes.
- Sindicato y Huelga: Inaugurar un canal de comunicación directo y sincero con el sindicato, buscando un acuerdo en las demandas salariales para prevenir una posible huelga.
- Pago por Destajo: Llevar a cabo un estudio financiero que determine si es viable incorporar el pago por destajo de forma permanente, y en caso contrario, proponer alternativas.
- Incidente con el Jefe de Área: Establecer un código ético y de conducta para prevenir comportamientos indebidos en el ambiente laboral.
- Objetivos de Ventas: Reevaluar y recalibrar las metas de ventas, asegurándose de que sean realistas, y ofrecer capacitación en estrategias de venta.
- Ventas a Familiares: Definir políticas claras respecto a conflictos de interés, en particular en relación con ventas a parientes.
- Prácticas Financieras Dudosas: Instituir auditorías internas de forma regular para identificar y erradicar cualquier mal manejo financiero.

Desafíos Personales:

- Acoso Escolar de su Hijo: Considerar apoyo psicológico para el joven y entablar un diálogo con las autoridades escolares para encontrar una solución al problema.
- Relación con su Esposa: Reservar momentos especiales para la familia, promoviendo actividades que nutran y refuercen el vínculo matrimonial.
- Vínculo con sus Padres: Planear una visita pronta a sus padres y mantener una comunicación constante, ya sea mediante llamadas o videoconferencias.
- Salud de su Padre: Estar al lado de su padre durante este periodo complicado, procurando el respaldo emocional y médico que requiere.

Aspectos Generales:

- Equilibrio Laboral y Personal: Delinear fronteras entre la vida laboral y personal, poniendo en primer lugar el bienestar emocional y mental.
- Asesoría Profesional: Evaluar la posibilidad de contratar un coach o terapeuta que oriente a Sebastián ante la diversidad de retos que está enfrentando.

Sebastián se halla en medio de un entramado de desafíos, tanto en el ámbito profesional como personal. Resulta vital que obtenga el respaldo adecuado y actúe de forma decidida para afrontar cada situación de manera efectiva.

Tras visualizar con claridad la magnitud de sus desafíos, Sebastián volteó, buscando al anciano de cabellera blanca y larga barba con la intención de agradecerle, pero se percató de que había desaparecido. Se incorporó del banco, tomó una profunda bocanada de aire y reflexionó:

"El mundo está a mis pies; empezaré por conquistar mi propio universo".

Aquí te presento cinco ejercicios que, si se practican con dedicación y compromiso, cada ejercicio debe repetir la mayor cantidad de veces por día, repetir por una semana, podrán ayudar a cualquier lector deseoso de desarrollar esta habilidad hasta alcanzar un nivel óptimo:

1.- Ejercicio de respiración profunda: Un elemento clave del temple es la calma física y mental, y la respiración profunda puede ayudar a cultivar ambas. Este ejercicio implica simplemente tomar una respiración profunda, mantenerla durante unos segundos y luego exhalar lentamente. Repite este ciclo durante unos minutos. No solo ayuda a reducir la tensión física y mental, sino que también puede ser una excelente forma de recargar y refrescar tu mente en medio de un día agitado.

2.- Práctica de la meditación mindfulness: La meditación mindfulness, que implica centrarse en el momento presente sin juzgar, puede ayudarte a desarrollar tu temple al mejorar tu capacidad para manejar el estrés y mantener la calma en situaciones difíciles. Dedica 10-15 minutos cada día a sentarte tranquilamente, cerrar los ojos y centrarte en tu respiración, tus pensamientos y sensaciones corporales sin juzgar ni reaccionar.

3.- Diario de gratitud: Mantén un diario de gratitud para ayudarte a concentrarte en los aspectos positivos de tu vida, incluso en los días difíciles. Cada día, escribe tres cosas por las que estás agradecido. Esto puede ayudarte a mantener una perspectiva positiva y a manejar mejor el estrés y la adversidad.

4.- Escenarios hipotéticos: Intenta imaginar y escribir sobre posibles situaciones de crisis o estrés en tu vida laboral. Piensa en cómo te gustaría reaccionar a estas situaciones, y luego compáralo con cómo podrías reaccionar bajo estrés. Esto te dará una idea clara de cómo mejorar tu temple y te ayudará a planificar con anticipación.

5.- Feedback constructivo: Busca feedback constructivo de colegas y superiores sobre tu desempeño en situaciones estresantes. Esto puede darte una perspectiva sobre las áreas en las que necesitas mejorar y te proporcionará información valiosa sobre cómo puedes aumentar tu temple. Recuerda tomar este feedback de manera positiva y usarlo como una oportunidad para crecer y aprender.

Proceso de Self-Coaching

(QUE)	(COMO)	(QUIEN)	(CUANDO)	(CUANTO)
Debe comenzar en verbo y responder a: - *¿Cuál es la idea más importante para ti de este capítulo?* - *¿Qué te inspira y crees que te gustaría lograr a propósito de este capítulo?*	Por favor piensa en tres acciones que te permitirán alcanzar el (QUE) de la primera columna.	Por favor escribe el nombre del único responsable de tus logros a partir de hoy.	Establece tu cronograma, fechas de inicio y fin de cada acción.	Debes fijar tu presupuesto para esta meta.
<u>Ejemplo:</u> *Establecer, alcanzar, lograr, etc., la felicidad como ventaja en vida…*	1.- 2.- 3.-			

Integridad

Esta herramienta es esencial para lograr una visión a largo plazo. Sin embargo, debido a que sus beneficios son a largo plazo, es difícil de implementar. Muchas personas tienen un enfoque a corto plazo y esperan obtener un retorno inmediato de sus acciones.

Hay una historia que suelo contar en mis clases sobre un hombre llamado Juan. Una vez, Juan vio cómo una persona dejó caer su billetera y decidió devolvérsela. Dentro de la billetera, había una gran cantidad de dinero que la dueña había recolectado para pagar la operación de su hija, quien padecía de peritonitis. Si Juan no hubiera devuelto el dinero, la niña podría haber muerto por falta de recursos. Un año después, Juan tuvo un accidente y fue atendido por la madre de la niña. Ella aplicó el mismo nivel de integridad que Juan demostró al devolver la billetera para salvar su vida.

Esta historia ejemplifica la importancia de actuar con integridad a largo plazo. También hay teorías, como la Tercera ley de Newton o el principio de acción y reacción, que respaldan la importancia de esta herramienta. Según la Tercera ley de Newton, cada vez que un objeto ejerce una fuerza sobre otro, este último ejerce una fuerza igual y opuesta sobre el primero.

Integridad es como un faro en medio de la tempestad, firme y resplandeciente. Es mantenerse fiel a tus valores y creencias, incluso cuando las olas de la tentación y la conveniencia amenazan con derribarte. Ser íntegro es ser auténtico en cada paso que das, sabiendo que tu brújula moral siempre señala hacia lo que es verdadero y justo en tu corazón.

Imagina la integridad como un árbol robusto en tu jardín de la vida. Sus raíces, profundamente arraigadas en tus valores y creencias, te mantienen firme y estable, no importa qué tan fuerte sople el viento del cambio o la adversidad. Ser íntegro significa nutrir estas raíces con acciones honestas y palabras sinceras, creciendo siempre hacia lo alto con la gracia de tu verdad.

La integridad es el ritmo que bailas cuando nadie está mirando. Es moverte al compás de tus convicciones y valores, incluso cuando podrías tomar un atajo. Ser íntegro es como bailar bajo la lluvia de desafíos, sabiendo que cada paso refleja la música de tu alma, una melodía de honestidad, autenticidad y respeto por ti mismo y por los demás.

Piensa en la integridad como el eco de tu voz en las montañas de la existencia. Es hablar y vivir tus verdades y valores, y escuchar ese eco volver a ti en forma de respeto y confianza. Ser íntegro es saber que tu voz, única y poderosa, resuena con claridad y consistencia, tanto en los valles de la intimidad como en las cimas de la exposición pública.

Integridad es el color con el que pintas el lienzo de tu vida. Es elegir matices de honestidad, lealtad y respeto para crear una obra maestra que refleje quién eres realmente. Ser íntegro es no temer mostrar tu verdadero yo, confiando en que cada pincelada de sinceridad y valor atraerá a aquellos que aprecian el arte de una vida vivida con autenticidad y coraje.

La herramienta que presentamos a continuación nos invita a mantener nuestra integridad, a ser auténticos en nuestra esencia, a ser conscientes de nuestros valores y coraje, y a hacer lo correcto desde el principio. Debemos tener el valor de decir "no" a todo lo que va en contra de nosotros mismos, de las leyes universales y de los hombres. Esta herramienta es como la espada Excálibur.

Excálibur es el nombre más conocido de la espada legendaria del rey Arturo, a la que se le han atribuido diferentes propiedades extraordinarias a lo largo de las numerosas versiones del mito. Existen varias teorías sobre el origen de su nombre. Una de las más aceptadas es que proviene del latín "ex calce liberatus", lo que podría traducirse como "liberada de la piedra". La leyenda más difundida nos cuenta que Arturo la obtuvo después de sacarla de una roca donde se encontraba incrustada, por un acto de magia realizado por Merlín, a quien se le atribuiría su forja. Esta es la versión francesa de R. Morón en su obra llamada "Merlín".

El nombre Excálibur significa "cortar el acero", que era una de sus tantas propiedades mágicas, así como también se decía que la vaina de Excálibur poseía la capacidad de proteger al portador, evitando que sea dañado o herido.

La metáfora pretende relacionar aspectos como el acero, la piedra, la promesa, el compromiso, la liberación, la disciplina, la magia y el elegido.

El acero y la piedra son materiales fuertes y resistentes, forjados y moldeados con el tiempo y la disciplina. Así también, la integridad se moldea y se fortalece a través de la práctica constante de compromisos y promesas mantenidas, al igual que el acero y la piedra resisten a las fuerzas más feroces. En este proceso, no solo forjamos un carácter íntegro, sino que también experimentamos una liberación profunda, al liberarnos de la pesada carga que implica vivir una vida no auténtica, sin coherencia entre lo que decimos y lo que hacemos.

Sin embargo, la integridad no es solo disciplina y fortaleza; también involucra un toque de magia. Al igual que el elegido en una historia de héroes, cuando vivimos con integridad, comenzamos a ver cómo las puertas se abren y cómo las oportunidades aparecen. Nuestra integridad se convierte en un imán para la confianza, el respeto y la autenticidad, atrayendo a personas y situaciones que reflejan estos mismos valores. En el camino hacia la integridad, cada uno de nosotros puede convertirse en 'el elegido', no por algún destino mágico, sino por la elección consciente y constante de vivir una vida coherente y verdadera.

Ahora bien, deseo plantear que nosotros mismos podemos ser "los elegidos" una y mil veces, elegidos para cambiar, para reinventarnos, para sacar la espada de la roca, para ser la propia espada y utilizarla en la conquista de nuestros miedos, de nuestros sueños. Esta espada será la que nos permita tener ventaja competitiva en la batalla por conquistarnos a nosotros mismos. Esta espada no es otra que la integridad.

Puedo afirmar, al compartir mi experiencia personal, que hacer las cosas de manera correcta resulta gratificante, vigoroso y nos llena de propósito, incluso si va en contra de lo que podría ser un beneficio a corto plazo. Nos hace mejores seres humanos y fortalece nuestras convicciones.

La integridad es la habilidad de actuar de manera correcta y ética, sin importar las circunstancias.

Por ejemplo, la integridad se puede observar en la forma en que una madre o un padre trata a su expareja frente a su hijo. A pesar de que pueda haber resentimientos o desacuerdos entre ellos, una persona íntegra siempre se abstiene de hablar mal del otro para evitar dañar emocionalmente al hijo.

Asimismo, la integridad también implica actuar en beneficio propio y de los demás. Una persona íntegra se abstiene de consumir drogas, ya que esto corrompe su voluntad y afecta su salud física y emocional. Asimismo, la integridad también se refleja en pequeños actos, como devolver una billetera perdida o no pasar un semáforo en rojo.

La integridad también se refleja en la forma en que nos relacionamos con los demás. Una persona íntegra es honesta y respetuosa al decirle a alguien que ya no lo ama, y sabe cómo educar y castigar a sus hijos adecuadamente, incluso si eso le provoca dolor.

La integridad también implica actuar de acuerdo con nuestros principios y valores, sin vulnerar los derechos de los demás ni las leyes y normas establecidas en la sociedad. Es importante aprender a pensar primero en lo que es correcto y hacer lo necesario para conseguir nuestros objetivos sin vulnerar nuestros principios.

La integridad implica amarte a ti mismo, respetarte, cuidarte y priorizarte. Debes entender que eres un ser único e irrepetible, un milagro que solo vivirá una vez hasta que, sin quererlo ni saberlo, llegue su final. Si decides ser feliz y amarte a ti mismo de manera consciente, podrás amar y hacer feliz a los demás. Eso es lo que significa la vida para mí.

La integridad también implica enamorarte de ti mismo una y otra vez, hasta que logres ser uno con el universo. Esta es la última de las nueve herramientas, una armadura que te permitirá estar en un estado de propósito diferenciador. No todos pueden ser íntegros, pero tú y yo podemos intentarlo cada día, haciendo las cosas bien desde la primera vez, incluso si nadie más que nosotros lo sabe. Esa es la fuente de mi propósito.

Con esta herramienta, cambiaré mi mundo interior y contribuiré a cambiar el planeta.

Cinco ejercicios para desarrollar la integridad:

Reflexión y registro de valores: Dedique un tiempo a reflexionar sobre sus propios valores. ¿Qué es lo que realmente importa para usted? ¿Honestidad? ¿Respeto? ¿Compromiso? Escriba estos valores y descríbalos en un diario. Este registro se convertirá en su brújula moral, un referente para ayudarle a tomar decisiones basadas en la integridad.

Práctica de la honestidad: Durante una semana completa, comprométase a ser completamente honesto en todas sus interacciones. Esto no significa ser hiriente o insensible; la honestidad debe ir de la mano con el respeto. Preste atención a las veces que se siente tentado a desviarse de la verdad y reflexione sobre por qué se produce esa tentación.

Evaluación de las acciones: Cada noche, repase las acciones que realizó durante el día. ¿Se alinean con sus valores? Si no es así, ¿qué podría hacer de manera diferente la próxima vez? Aceptar la responsabilidad de nuestros actos, incluso cuando nadie está mirando, es una parte fundamental de la integridad.

Autorespeto y autocuidado: Fije una rutina diaria de cuidado personal. Esto podría incluir una alimentación saludable, ejercicio, tiempo de descanso y actividades que le hagan sentir bien. Al cuidar de usted mismo, demuestra respeto por su propio valor y establece un precedente para cómo desea ser tratado por los demás.

Práctica del amor propio: Dedique unos minutos cada día a apreciarse a sí mismo. Puede ser algo tan simple como mirarse al espejo y recordar sus fortalezas y logros. Este acto de amarse a uno mismo fortalecerá su autoestima, lo que a su vez reforzará su integridad, ya que las personas con una alta autoestima son menos propensas a comprometer sus valores.

(QUE)	**(COMO)**	**(QUIEN)**	**(CUANDO)**	**(CUANTO)**
Debe comenzar en verbo y responder a: - *¿Cuál es la idea más importante para ti de este capítulo?* - *¿Qué te inspira y crees que te gustaría lograr a propósito de este capítulo?*	Por favor piensa en tres acciones que te permitirán alcanzar el (QUE) de la primera columna.	Por favor escribe el nombre del único responsable de tus logros a partir de hoy.	Establece tu cronograma, fechas de inicio y fin de cada acción.	Debes fijar tu presupuesto para esta meta.
Ejemplo: *Establecer, alcanzar, lograr, etc., la felicidad como ventaja en vida…*	1.- 2.- 3.-			

Capítulo 7 – Las cinco afirmaciones poderosas

Sebastián, se basa en la premisa de que las afirmaciones poderosas son clave para desarrollar una voluntad fuerte y una vida plena. Estas cinco afirmaciones, nacidas de la experiencia personal del autor y enriquecidas con teorías psicológicas, son esenciales para el autodescubrimiento y la transformación personal. Cada una de ellas contribuye a consolidar el poder de la voluntad de una manera única:

"Puedo soltar el pasado": Esta afirmación subraya la importancia de liberarse de las cargas del pasado para vivir plenamente el presente. Al dejar atrás las heridas y los errores pasados, se abre un espacio para el crecimiento y la renovación.

"Yo tengo el control de mis decisiones": Reconoce la autonomía personal en la toma de decisiones. Esta poderosa declaración empodera al individuo, recordándole que es el arquitecto de su propio destino y que sus elecciones definen su camino.

"Soy responsable de las consecuencias de mis acciones": Esta afirmación resalta la importancia de la responsabilidad personal. Aceptar que nuestras acciones tienen consecuencias es fundamental para el desarrollo de una voluntad firme y un carácter íntegro.

"Determinación es mi esencia": La determinación es presentada como un atributo esencial del ser humano. Esta afirmación impulsa a mantenerse enfocado y persistente, incluso ante los desafíos más difíciles, lo que es crucial para alcanzar objetivos y realizar sueños.

"Respiro, siento, me enfoco y voy por lo que quiero": Esta afirmación combina la atención plena con la acción decidida. Destaca la importancia de estar presentes en el momento, conscientes de nuestras emociones y pensamientos, y usar esta conciencia para perseguir activamente nuestras metas.

Cada una de estas afirmaciones funciona como un recordatorio diario de nuestro poder personal y de nuestra capacidad para influir en nuestras vidas. Son herramientas sencillas, pero profundamente efectivas que, cuando se internalizan y practican regularmente, pueden llevar a cambios significativos en la forma en que uno se percibe y actúa en el mundo.

Para el autor, estas afirmaciones son fundamentales no solo por su eficacia probada en su propia vida, sino también por su universalidad y su capacidad para ser aplicadas por cualquier persona, en cualquier circunstancia. Revelan una verdad profunda sobre la condición humana: que somos seres de gran potencial, capaces de superar las adversidades, aprender de nuestras experiencias y forjar un camino de crecimiento y realización personal.

En resumen, "El Poder de Tu Voluntad" no se trata solo de un libro sobre afirmaciones; es una guía para vivir una vida autodirigida y significativa. Estas cinco afirmaciones poderosas son la esencia de un método práctico y probado para fortalecer la voluntad, superar los desafíos y alcanzar la felicidad y el éxito personal.

I. Puedo soltar el pasado

Esta afirmación puede parecer ridícula y obvia, pero debo confesar con humildad que durante muchos años he ignorado esta elemental ley de la naturaleza. He pasado gran parte de mi vida pensando y lamentándome por lo que sucedió en el pasado: el divorcio de mis padres cuando era niño, el robo de mi bicicleta, las estafas y las heridas que sufrí, incluso el hecho de no haber aprendido bien la tabla de multiplicar del número siete. Todo esto me ha llevado a perder tiempo y a quedarme estancado en el pasado, sin poder hacer nada para cambiarlo.

Un día, sin embargo, me desperté y decidí dejar todo eso atrás. Comprendí que no podía cambiar nada del pasado y que lo único que estaba en mi poder era el presente: ese instante de conciencia en el que podía elegir qué hacer. Decidí cerrar la puerta del pasado, tirar la basura y dejar atrás la mochila llena de recuerdos tristes. Así asumí mi responsabilidad en esta vida que es mía.

Ahora sé que siempre tenemos dos opciones ante un hecho que no está bajo nuestro control: podemos encararlo con pesimismo o con optimismo. A veces, el cambio puede parecer superficial al principio, pero si perseveramos, podemos modificar nuestras actitudes limitadoras y salir de nuestra zona de confort.

Pero ¿cómo logramos enfrentarnos a nosotros mismos cuando nos conocemos tan bien? ¿Cómo podemos vulnerar años de costumbres limitadoras? La respuesta está en tener la determinación de cambiar nuestra actitud hacia el presente y enfocarnos en el aquí y ahora, donde realmente podemos ejercer nuestra libertad de elección.

Intentaré proporcionar algunas pautas para que cada lector, basándose en su propia experiencia y recursos, y conociéndose a sí mismo muy bien, pueda estructurar una estrategia para responder a estas preguntas. En ningún caso pretendo dar una receta, ya que una receta ajena nunca puede curar a otra persona.

Lo que acabo de expresar en párrafos anteriores es el resultado de lo que he logrado experimentar en mi propia vida, al igual que muchos de los lectores de este libro. Sin embargo, esto también fue experimentado por el señor Friedrich Salomón Perls, nacido en Berlín, Alemania, el 8 de julio de 1893, y fallecido en Chicago, Estados Unidos, el 14 de marzo de 1970. Conocido como Fritz Perls, fue médico neuropsiquiatra y psicoanalista, y junto con su esposa, Laura Posner, fue el creador de la Terapia Gestalt. Este enfoque nos dice que debemos vivir en el aquí y ahora. Veamos lo que dice Perls y cómo hace tantos años pudo estructurar lo que yo, de manera empírica, he tenido que aprender para sobrevivir mis primeras décadas de vida.

La Terapia Gestalt es un enfoque perteneciente a la psicología humanista, creado por Fritz Perls a mediados del siglo XX, aunque su auge y mayor crecimiento se produjeron a finales del siglo pasado.
Esta teoría propone cuatro principios básicos:

I. Autorregulación Organísmica: Según este enfoque, los seres humanos tienen confianza en la capacidad innata del organismo para regularse por sí mismos. En cada momento, el organismo sabe qué es lo más importante para sí mismo y, por lo tanto, sabe cómo llevar al primer plano, ya sea directamente o a través de síntomas (como enfermedades), la necesidad pendiente de satisfacción. Si se permite al organismo actuar libremente, éste sacará a la luz situaciones del pasado que aún no se han resuelto. Es por eso que, en la terapia, los especialistas se centran en detectar y resolver en el presente las "situaciones inacabadas" en la vida del paciente, ya que ahí está el origen del estancamiento de su energía y de su proceso de crecimiento y madurez.

La Autorregulación Organísmica en la Terapia Gestalt potencia el poder de voluntad al enfatizar la confianza en la capacidad innata de autoregulación del organismo. Al reconocer y atender necesidades subyacentes y resolver situaciones inacabadas, se libera energía estancada, fomentando un crecimiento personal consciente y una madurez emocional. Este proceso permite tomar decisiones más auténticas y alineadas con el bienestar propio.

II Holismo o Totalidad: Este enfoque considera que en todo momento se debe tener en cuenta la totalidad del ser, es decir, todas sus cuatro dimensiones: a) Corporal: formada por los instintos, las sensaciones corporales, los sentidos, la sexualidad, el cuerpo, el contacto físico, la respiración, el movimiento, etc.; b) Emocional: que incluye emociones como alegría, amor, rabia, tristeza, miedo y cómo vivimos cada una de ellas; c) Mental: compuesta por la razón, lo intelectual, nuestros pensamientos, creencias, valores, prejuicios, etc.; y d) Espiritual: que comprende nuestras creencias y valores más preciados, los cuales nos proporcionan una actitud determinada en la vida. Esta dimensión también se relaciona con factores existenciales como "¿Quién soy?", "¿Cómo entiendo la vida?" y "¿Cuál es mi función en esta vida?".

El enfoque de holismo o totalidad en la Terapia Gestalt contribuye al desarrollo del poder de voluntad al promover una comprensión integrada del ser. Al reconocer y equilibrar las dimensiones corporal, emocional, mental y espiritual, se facilita una mayor autoconciencia y autenticidad. Esta perspectiva holística permite tomar decisiones más alineadas con los valores y necesidades personales, fortaleciendo así la voluntad y la capacidad de actuar conscientemente.

III. Toma de conciencia o "darse cuenta": Tomar conciencia implica estar en contacto con nuestros pensamientos, emociones y percepciones en el momento presente, sin juzgarlos ni interpretarlos. En terapia, se trabaja con las experiencias presentes del paciente, ayudándole a escuchar y sentir lo que ocurre en su interior.

En la Terapia Gestalt, la toma de conciencia o "darse cuenta" es clave para el desarrollo de la voluntad. Al fomentar una atención plena a pensamientos, emociones y percepciones actuales, sin juicios o interpretaciones, se incrementa la autoconciencia. Esta mayor conciencia del "aquí y ahora" permite identificar y cambiar patrones limitantes, fortaleciendo la voluntad para realizar elecciones conscientes y auténticas.

IV. Aquí y Ahora: El presente es lo único que existe. Aunque carguemos con situaciones inconclusas del pasado, podemos trabajar en ellas en el momento presente. En terapia, se trabaja con situaciones pasadas en el aquí y ahora, utilizando las sensaciones, emociones y percepciones actuales del paciente para revisitar y cerrar esas situaciones.

La Terapia Gestalt enfatiza el concepto del "Aquí y Ahora" para fortalecer la voluntad. Al reconocer que solo el presente existe realmente, se alienta a trabajar en situaciones pasadas desde la actualidad, empleando sensaciones, emociones y percepciones presentes. Este enfoque permite resolver asuntos pendientes y superar obstáculos, incrementando así la capacidad de actuar con voluntad y determinación en el presente.

Para entender la poderosa frase "Puedo soltar el pasado", es necesario seguir algunos pasos que nos permitan iniciar el camino hacia el cambio y la toma de conciencia:

Tomar conciencia de nuestra experiencia presente: debemos estar en contacto con lo que pensamos, sentimos y percibimos en el momento presente, sin juzgar ni interpretar.

Aceptar el pasado: debemos aceptar que el pasado ya ha ocurrido y no podemos cambiarlo. Aceptar el pasado no significa que estemos de acuerdo con lo que sucedió, sino que nos liberamos del dolor y el sufrimiento que nos causa el aferrarnos a él.

Trabajar en el presente: aunque no podamos cambiar el pasado, podemos trabajar en el presente para cambiar nuestra forma de percibirlo y vivir con él. En terapia, se trabaja con las sensaciones, emociones y percepciones actuales del paciente para revisitar y cerrar situaciones inconclusas del pasado.

Siguiendo estos pasos, podemos empezar a comprender la importancia de aceptar el pasado y trabajar en el presente para nuestro crecimiento y bienestar:

El primer paso hacia el cambio es aceptarnos tal cual somos y perdonarnos a nosotros mismos y a aquellos que nos lastimaron o afectaron de alguna manera. Podemos aprender de nuestros errores y convertirlos en oportunidades de mejora. Comprender y aceptar nuestro pasado, incluyendo errores y heridas, es el primer paso para liberarnos de cargas innecesarias. El perdón, tanto hacia uno mismo como hacia los demás, es esencial para sanar y avanzar. Al hacerlo, ejercemos nuestra voluntad para cambiar nuestra narrativa interna.

El segundo paso es aceptar que el pasado ya no existe y no puede ser cambiado. Debemos dejarlo ir y, cuando surjan emociones negativas, detenernos y respirar, concentrándonos en el presente y visualizando nuestras metas y sueños. Solo nosotros podemos dejar atrás el pasado y seguir adelante. Reconocer que el pasado es inmutable nos permite enfocarnos en el presente. Esto nos empodera para actuar en el aquí y ahora, un espacio donde realmente tenemos control y donde podemos ejercer nuestra voluntad.

El tercer paso es creer que es posible cambiar nuestra actitud y darnos nuevas oportunidades. Aceptar que podemos cambiar nuestra actitud y perspectiva nos lleva a nuevas oportunidades de crecimiento. Esta creencia fortalece la voluntad al permitirnos ver posibilidades en lugar de limitaciones.

El cuarto paso es confiar en nosotros mismos, sabiendo que caeremos, pero podemos levantarnos y seguir adelante. Tener fe en nuestra capacidad de recuperarnos y seguir adelante, incluso después de caídas, refuerza nuestra voluntad. La resiliencia se convierte en una herramienta vital para enfrentar desafíos.

El quinto paso es aceptar que el pasado es parte de nuestra memoria en el presente y que el futuro es una construcción que hacemos en el presente. Entender que el pasado forma parte de nuestro presente y que el futuro es una construcción que iniciamos hoy, nos motiva a actuar conscientemente para crear un futuro deseado, ejerciendo nuestra voluntad en el proceso.

El sexto paso es hacerse preguntas como:

- ✓ ¿Qué está sucediendo ahora mismo?
- ✓ ¿De qué tengo conciencia en este momento?
- ✓ ¿Qué siento en este instante?
- ✓ ¿Qué necesidad está surgiendo en mí en este momento?

Hacerse preguntas sobre nuestras experiencias y sentimientos actuales incrementa la conciencia de sí mismo. Esto guía nuestras acciones de manera más alineada con nuestras metas y deseos, fortaleciendo así la voluntad.

Es importante recordar que el camino hacia el cambio y la toma de conciencia requiere trabajo duro y una actitud perseverante. Si seguimos estos pasos y nos comprometemos con nuestro crecimiento personal, podremos superar los obstáculos del pasado y alcanzar nuestras metas.

II. Yo tengo el control de mis decisiones

Soy el actor, el observador y el escritor de mi propia vida. Durante mucho tiempo, he escrito para complacer a los demás, pero ahora he tomado conciencia de que mi realidad es una trilogía y he decidido tomar el control de mi vida y ser el escritor de mi propia obra de arte.

Esta afirmación es muy poderosa y tiene un gran alcance. Si te detienes a pensar en ella por unos segundos, te darás cuenta de que puedes transformar tu vida a partir de hoy. Has abierto tu mente a nuevas ideas y estás construyendo algo nuevo al leer este libro.

Tus logros dependen de cómo manejas tus mensajes saboteadores. Si no estás viviendo la vida que quieres, puede ser porque crees en estos mensajes:

- No puedes.
- No es para ti.
- Es para unos pocos privilegiados.

A través del concepto de ser actor, observador y escritor de la propia vida, se enfatiza la multidimensionalidad del ser humano. Como actor, somos los protagonistas de nuestras acciones; como observadores, reflexionamos y evaluamos nuestras experiencias; y como escritores, tenemos el poder de redefinir y cambiar nuestras historias.

Este enfoque resalta la importancia de la autenticidad y la autorreflexión en la toma de decisiones. Aceptar que uno ha vivido para satisfacer a otros, pero tomar la decisión consciente de cambiar este patrón, es un acto de empoderamiento. Este cambio de mentalidad abre la puerta a la transformación personal.

Los "mensajes saboteadores" mencionados, como "No puedes", "No es para ti" o "Es para unos pocos privilegiados", son barreras autoimpuestas que restringen la capacidad de crecimiento y realización personal. Reconocer y desafiar estos mensajes es crucial para desarrollar una sensación de control y autonomía.

Recuerda, eres el autor de tu propia historia. Cada día la vida te brinda una nueva página en blanco, una oportunidad para reescribir tu guion. No te limites por las voces del miedo y la duda. Eres más poderoso de lo que crees. Tus decisiones son el pincel con el que pintas el lienzo de tu vida.

Atrévete a soñar, a actuar y a vivir conforme a tus propios términos. No eres un mero espectador; eres el creador de tu destino. Cada paso que das, cada decisión que tomas, te acerca más a la vida que deseas. Así que levanta la cabeza, fortalece tu voluntad y avanza con la confianza de quien sabe que en su interior reside un poder inmenso. El mundo está esperando a ver la obra maestra que es tu vida. No permitas que los límites ficticios dicten tu camino. Toma el control, escribe tu historia y deja tu huella en el universo. La única pregunta que queda es: ¿qué historia vas a escribir hoy?

Ahora analicemos juntos:

Primero, hablemos de ti. Tú eres la razón de tu existencia y eres responsable de tus decisiones y acciones en la vida, no las circunstancias.

En esta condición de responsabilidad sobre tu propia existencia y sus consecuencias, puedes elegir tener el control de tus decisiones. Tus decisiones son el resultado de tus pensamientos, que a su vez se basan en las ideas que recibes a través de tus sentidos.

Puedes aceptar o no tener el control de tus decisiones. Sin embargo, vamos a contextualizar esto para entender cómo se aplica en la vida diaria de una persona promedio, es decir, tú.

Nuestras creencias y emociones son la base de nuestra vida. Sentirnos bien en el presente nos permite ser mejores con nosotros mismos en el futuro. Las imágenes mentales que creamos en el ahora, de amor, salud y abundancia, condicionan de manera favorable nuestra mente inconsciente, afectando la toma de decisiones diarias que, muchas veces, son tomadas de forma inconsciente. Después de haber tomado estas decisiones, en ocasiones, nos arrepentimos de no haber sabido antes lo que ahora sabemos.

Responsabilizar a otros por nuestros problemas o sentirnos responsables de los problemas de los demás son formas de expresar una de las mayores trabas para tomar el control de nuestra propia vida.

Sentirnos víctimas del mundo es un gran obstáculo, ya que nos impide tomar el control de nuestros propios recursos. Esperar que otros resuelvan nuestros problemas es una utopía emocional. Las personas que se ven a sí mismas como víctimas ejercen un tipo de chantaje emocional al transferir la culpa a los demás. Los destinatarios de este chantaje también se convierten en víctimas, al no saber cómo responder y no tener ayuda al alcance de la mano.

A continuación, algunos ejercicios para tomar el control de tu vida:

Haz lo que realmente quieres hacer. Evita tomar decisiones basándote en lo que es mejor para otros.

Aprende a ver los problemas como retos.

Aprende a aceptar situaciones adversas de forma objetiva, en lugar de lamentarte por ellas.

Aprovecha las situaciones en lugar de resignarte ante ellas. Decide sacar el mejor provecho de la situación de manera consciente, aceptando lo que está en tus posibilidades y recordando el uso de herramientas útiles.

III. Soy responsable de las consecuencias de mis acciones

Aristóteles, considerado el padre de la lógica, fue el primer pensador en analizar el razonamiento deductivo, identificando las premisas que necesariamente llevan a una conclusión. Su enfoque se centró en comprender el proceso que conduce a la resolución de un problema.

La idea de ser responsable de las consecuencias de nuestras acciones, inspirada en el razonamiento deductivo de Aristóteles, es un pilar fundamental para el desarrollo del poder de la voluntad. Al comprender que nuestras acciones tienen resultados directos y que estamos en el control de esas acciones, nos empoderamos a tomar decisiones más deliberadas y conscientes. Este entendimiento nos lleva a un proceso de autoreflección profunda, donde evaluamos nuestras opciones y sus posibles resultados. Aceptar la responsabilidad por nuestras acciones nos convierte en agentes activos de nuestro destino, fortaleciendo nuestra voluntad y capacidad para dirigir nuestras vidas hacia los resultados deseados. Esta toma de responsabilidad es la esencia de una vida vivida con intención y propósito.

Para ilustrar este punto, me referiré a varios aspectos mencionados en el libro "Cómo vivir con un neurótico en casa o en el trabajo" del Dr. Albert Ellis. Ellis, un psicoterapeuta cognitivo estadounidense, fundador y presidente emérito del Instituto Albert Ellis en Nueva York, desarrolló la terapia racional emotiva conductual (TREC) en 1955. En una encuesta de 1982 entre profesionales de la psicología de Estados Unidos y Canadá, Ellis fue considerado el segundo psicoterapeuta más influyente de la historia, superando a Sigmund Freud (que ocupó el tercer lugar) y siendo superado solo por Carl Rogers. En el mismo año de su muerte, Psychology Today lo calificó como el "más importante psicólogo vivo".

En enero de 1953, Ellis rompió por completo con el psicoanálisis y comenzó a llamarse a sí mismo "terapeuta racional". Desarrolló una nueva forma de psicoterapia más activa, directiva y dinámica, en la que el terapeuta ayudaba al cliente a comprender y actuar en base a sus creencias irracionales, demostrando su irracionalidad por falta de evidencia y trabajando en cambiar creencias y comportamientos contraproducentes, derrotistas y rígidos. Esta reestructuración cognitiva permitía a la gente entender sus creencias irracionales y cambiarlas por una posición más racional.

En 1954, Ellis comenzó a enseñar su nueva técnica a otros terapeutas y en 1957 presentó formalmente la primera terapia cognitiva, proponiendo que los terapeutas ayuden a las personas a ajustar su pensamiento y comportamiento como tratamiento para problemas de pensamiento y comportamiento. Dos años después, Ellis publicó el libro "Cómo vivir con un neurótico", en el que se refería a su nuevo método.

En 1960, Ellis presentó su nueva teoría en la Asociación Americana de Psicología (APA) en una convención en Chicago, pero recibió poco interés debido a que en esa época la atención de la psicología experimental estaba enfocada en el conductismo, mientras que la psicología clínica se enfocaba en las escuelas de psicoanálisis de notables como Sigmund Freud, Carl Jung, Alfred Adler y Fritz Perls. A pesar del hecho de que el enfoque de Ellis se dirigía al estudio del conocimiento, la emotividad, la conducta y los métodos de análisis desde el diálogo consciente con el psicoterapeuta, su fuerte énfasis en la cognición resultó llamativo y a menudo fue recibido con hostilidad en conferencias profesionales y revistas, excepto quizás por los seguidores de Adler.

A pesar de la lenta adopción de su enfoque, Ellis fundó su propio instituto, el Instituto para la Vida Racional, como una organización sin fines de lucro en 1959. En 1968, fue aprobado por el Consejo Rector de Gobernadores del Estado de Nueva York como un instituto de aprendizaje y psicología clínica. Él regularmente ofrecía seminarios en los que invitaba a un participante al escenario para tratarlo. Su método adquirió fama por tomar a menudo un estilo directivo y confrontacional.

Para entender mejor la propuesta del doctor Ellis, es necesario comenzar explicando el concepto de neurosis, que es el nombre genérico de un grupo de enfermedades que se caracterizan por la presencia de trastornos nerviosos y alteraciones emocionales sin que aparentemente haya ninguna lesión física en el sistema nervioso.

Todos tenemos alguna forma de neurosis debido al efecto de vivir en una sociedad global hipercomunicada. Si lo decimos de manera romántica, todos tenemos un poco de locura, un tornillo suelto que nos acerca a nuestro estado de libertad o esclavitud.

En su libro "Cómo vivir con un neurótico en casa o en el trabajo, entendiendo que el neurótico soy yo mismo", Ellis habla de varias neurosis. Lo que planteo en este punto es la necesidad de reconocernos en algunas de estas teorías ya estudiadas científicamente y luego creer que es posible reinventarnos y entender por qué somos responsables de las consecuencias de nuestras acciones.

Como seres humanos imperfectos pero perfectibles, aprendemos o nos enseñamos nuestras neurosis y todo lo que aprendemos, normalmente podemos desaprender.

Uno de los rasgos más humanos es la sensación de desesperanza que se basa en nuestra creencia en nuestra propia incapacidad. Lo que creemos, lo tomamos como verdad. Si pensamos que no podemos cambiar algo, es muy probable que no lo cambiemos. Basándonos en la premisa del Dr. Ellis, si creemos que es posible diseñar la mejor versión de nosotros mismos, podemos tener éxito.

Hay varias barreras que nos impiden asumir la responsabilidad de nuestras acciones:

- **Indecisión, duda y conflicto.**
  Esta barrera surge de la indecisión, la vacilación y las dudas, por temor a cometer errores y fracasar ante nosotros mismos y ante los demás. Esta idea, esta construcción que creamos, es una de las barreras que nos impiden tomar decisiones y asumir nuestra responsabilidad.

  Pregunta: ¿Qué puedes hacer para superar esto?

- **Sentimientos de incapacidad.**
  Sentirse poco valioso o incluso malvado, no reconocer nuestros propios errores y magnificarlos de forma desmesurada. Sobre todo, pensar que un fracaso grave nos convierte en un fracaso total. No solo condenamos nuestras deficiencias, sino que nos condenamos a nosotros mismos por tener deficiencias tan desafortunadas.

Pregunta: ¿Qué puedes hacer para superar esto?

- **Evitar la responsabilidad.**
  En lugar de enfrentar y resolver los problemas, tendemos a escapar de ellos. Nos negamos a disciplinarnos o a asumir la responsabilidad del asunto. A menudo, tratamos de vivir en una eterna infancia.

  Pregunta: ¿Qué puedes hacer para superar esto?

- **Actitudes defensivas.**
  Cuando empezamos a mentirnos a nosotros mismos, creamos un sistema de defensa para evitar enfrentar la dura realidad.

Normalmente diseñas una elaborada red de reacciones retorcidas y finges conscientemente sentirte o actuar de un modo cuando, inconscientemente, respondes a una serie de sentimientos bastante diferentes. Algunas de las formas más habituales de actitudes defensivas son estas:

- **Resistencia.** Negarse a afrontar los hechos desagradables a cerca de ti mismo, incluso cuando se te ponen intencionalmente de manifiesto.

  La pregunta: ¿Qué tú crees que debes hacer para superar esto?

- **Transferencia.** Sentimiento inconsciente hacia las actitudes de una persona que no se basa en la realidad, sino en algunos rasgos que esa persona tiene en común con otras, especialmente con los propios padres, a las que quizá se haya aferrado previamente.

  La pregunta: ¿Qué tú crees que debes hacer para superar esto?

- **Ostentación.** Sobrecompensación consistente en creer que se tienen mejores cualidades de las que realmente se tienen, porque uno teme en el fondo ser poco capaz.

La pregunta: ¿Qué tú crees que debes hacer para superar esto?

El doctor Ellis nos dice que para entendernos mejor y plantearnos un cambio es interesante conocer algo sobre los orígenes de estas barreras.

Aprendemos a crear estas barreras a partir de tres influencias principales:

1) Nuestras propias tendencias innatas para pensar, sentir y actuar.

2) El entorno y las circunstancias culturales en las que crecemos;

3) Los modos de actuar o de condicionarnos a todo aquello que experimentamos o que elegimos.

Lo importante es entender que tenemos la alternativa de decidir aceptar, rechazar o reprogramar estas absurdas enseñanzas.

Deseo enfatizar que nuestros comportamientos negativos son impulsados por nuestras actitudes hacia nosotros mismos. Por lo tanto, es fundamental descubrir la necesidad de luchar por diseñar o rediseñar la mejor versión de nosotros mismos. En este sentido, adoptamos actitudes irracionales que nos llevan a creer que ciertas circunstancias deberían darse, mientras que otras no deberían suceder. Como resultado, nos sentimos frustrados y terminamos odiándonos a nosotros mismos o a los demás.

Según Ellis, nuestras ideas sobre nosotros mismos y sobre los demás se originan, en parte, de la influencia de nuestros padres o de otras personas que nos rodean en nuestra infancia. Esto se conoce como la estructura de Coco. Es importante destacar que gran parte de lo que consideramos nuestro "yo" no proviene exclusivamente de nosotros mismos, sino de nuestra interacción con otros seres humanos. De hecho, podríamos decir que se trata de un "yo" social.

Debido a esta interacción, aprendemos a identificar ciertas cualidades que nos diferencian de los demás, como "hermoso" o "feo", "brillante" o "idiota". Además, aprendemos que existen diversas escalas en las que nos ubicamos en un determinado punto, mientras que situamos a los demás en otros puntos. Sin embargo, es importante tener en cuenta que este aprendizaje es relativo y accidental, ya que si hubiéramos crecido en otro lugar o en una familia diferente, podríamos haber aprendido cosas distintas.

Por tanto, tus actitudes hacia ti mismo y tu autoconcepto están influenciados por los valores predominantes en la sociedad, la religión y la familia en la que creciste, lo que te llevó a programar tu visión de la realidad. Si la belleza y la inteligencia son cualidades valoradas en tu entorno y las posees, es probable que te veas a ti mismo como "bueno" y tengas una opinión positiva de ti mismo. Por otro lado, si creciste con la idea de ser feo o tonto, es probable que te veas como "malo" y tengas una autoestima baja. Sin embargo, el hecho de tener belleza o inteligencia tiene poco que ver con cómo te percibes a ti mismo, ya que puedes aceptar sin reflexión los puntos de vista de otros, aunque no sean verdaderos.

Nuestro patrón de comportamiento inicial es muy importante, pero a lo largo de la vida podemos cambiarlo.

Si tomamos conciencia de esta hipótesis, podríamos deducir que es posible adquirir la habilidad de asumir la responsabilidad de las consecuencias de nuestras acciones.

Con toda esta nueva información que hemos adquirido, combinada con nuestra experiencia personal, propongo que reflexionemos y escribamos nuestras nuevas ideas y conocimientos sobre asumir la responsabilidad de las consecuencias de nuestras acciones en un papel.

IV. Determinación es mi esencia

Hace algún tiempo, la palabra "determinación" llegó a mi vida como un rayo de esperanza en medio de la incertidumbre. Un amigo coach, a quien le conté mi situación emocional en relación con mi nueva empresa, me dijo: "Las personas que quieren perseguir sus sueños necesitan algo llamado determinación".

Al darme cuenta de que una palabra tan sencilla puede tener tanto poder en un contexto específico, sentí la responsabilidad de compartirlo con todos y lo incluí en esta parte del libro. Quiero comunicar al mundo que es posible realinearse con solo una palabra inspiradora: "determinación".

Determinación es más que una palabra; es una fuerza motriz que impulsa nuestra voluntad hacia la realización de nuestros sueños y metas. Es el fuego interior que nos mantiene avanzando a pesar de los obstáculos y las incertidumbres. Al adoptar la determinación como parte esencial de nuestro ser, transformamos nuestra perspectiva y enfoque en la vida. Nos convertimos en arquitectos activos de nuestro destino, capaces de moldear nuestra realidad con tenacidad y propósito.

Cuando internalizamos la determinación como nuestra esencia, cada paso que damos, cada decisión que tomamos se infunde con un propósito claro y una resolución inquebrantable. Esta firmeza no solo nos lleva a perseguir nuestros sueños, sino que también nos capacita para enfrentar y superar las adversidades. En lugar de ser arrastrados por las circunstancias, la determinación nos permite ser los conductores de nuestro viaje, alimentando la voluntad de crear la vida que deseamos.

La determinación es, por lo tanto, un catalizador poderoso para el autodesarrollo y el crecimiento personal. Es una declaración al mundo y a nosotros mismos de que estamos comprometidos con nuestros objetivos y dispuestos a hacer lo necesario para alcanzarlos. Este enfoque determinado refuerza nuestra voluntad, convirtiéndola en una herramienta poderosa para el cambio positivo y la realización personal. Con determinación como nuestra esencia, no hay límites para lo que podemos lograr.

Ahora, permítanme estructurar la propuesta: la acción y la resolución son mi esencia. A partir de hoy, lo que decida asumiré con temple y congruencia, arrojo, valor, iniciativa, audacia, osadía, decisión y enfoque hacia mi objetivo. Esto es parte de mi esencia y forma de ser.

Con esto, estoy intentando reprogramar la visión de nosotros mismos, sacando de nuestro cerebro cualquier visión anterior y depositando la nueva.

¿Cuáles son los mensajes que nos sabotean y nos impiden reprogramarnos?

Uno de los mensajes que nos sabotea es sentirnos inferiores y creer que necesitamos la aprobación de los demás. Otro mensaje saboteador es el miedo a involucrarnos, lo que nos impide alcanzar el nivel de experto necesario para lograr resultados y desarrollar nuestras habilidades. Como resultado, nos convencemos de nuestro escaso valor para asumir retos y creemos que somos incapaces de hacer algo bien. Estos son los mensajes que Coco, nuestro saboteador interno, programa en nuestra mente.

Para desafiar a Coco, nuestro saboteador interno, necesitamos tomar una decisión firme: la determinación de reprogramar nuestros pensamientos, de creer en nuestra valía y de perseguir nuestras metas con audacia. La determinación no es sólo una palabra, es una actitud, un estado de ánimo que nos impulsa a superar los obstáculos y a alcanzar nuestros sueños, sin importar cuán inalcanzables puedan parecer. Se convierte, por tanto, en un escudo poderoso contra los pensamientos negativos y limitantes.

A partir de hoy, hagamos de la determinación nuestra guía. Cuando nos sintamos inferiores, recordemos nuestra determinación y rechacemos esa visión negativa de nosotros mismos. Cuando el miedo nos amenace, recordemos nuestra determinación y superemos ese obstáculo con valentía. Cuando nos sintamos tentados a buscar la aprobación de los demás, recordemos nuestra determinación y valoremos nuestra propia opinión. Y cuando nos veamos frente a desafíos, recordemos nuestra determinación y sigamos adelante, sin importar las dificultades.

Para poder reprogramarnos, es importante poner al descubierto estos mensajes saboteadores y asumir el desafío de desaprender. Todo es posible, solo tenemos que creer que es posible y dar el primer paso. A partir de ahí, podremos alcanzar nuestras metas.

Aquí algunos ejercicios para ayudarte a reprogramarte:

- Toma la determinación de salir a correr, caminar, trotar, montar en bicicleta, ir al gimnasio o asistir a clases de yoga desde mañana a las seis de la mañana, no importa lo que pase, hazlo.

- Establece cinco metas de corto plazo que tenías pendientes desde hace mucho tiempo y ejecútalas una a una, no importa cuán difícil parezca, solo comienza y termínalo.

- Identifica cinco mensajes saboteadores recurrentes. Para ello, busca entre tu baúl de Coco, saca aquellos objetos imaginarios que te limitan y escríbelos en un papel para estar consciente de ellos cuando aparezcan.

- Haz un plan diario de trabajo o propósitos.

- Mírate al espejo durante veintiún días y repite frente a ti cinco mensajes poderosos que tú mismo diseñes o construyas. Elige un horario donde estés a solas y frente a un espejo, conversa contigo mismo y repite estos mensajes poderosos.

- Proponte dejar de preguntar a los demás "¿qué tal lo hice?" después de una actividad, ya que la mejor retroalimentación es la que tú te das a ti mismo. Realizar esta práctica mejorará tu relación contigo mismo y te permitirá ser más consciente de tus logros y áreas de oportunidad.

Finalmente, escribe en una hoja de papel tamaño pliego tus nueve herramientas y cómo las aplicas en tu vida, como una especie de postulado personal ante la vida y cómo la enfrentas desde tus nueve competencias.

Los seres humanos aprendemos a través de ensayo y error, por lo tanto, el fracaso no es solo algo que suele suceder, sino que también tiene grandes ventajas. Debemos ser agradecidos con el fracaso ya que gracias a él podemos aprender y tener la oportunidad de hacer las cosas mejor y así tener éxito en el futuro. Mi madre, Ana María Del Valle, solía citar una frase del filósofo Nietzsche: "Lo que no te mata, te fortalece".

La determinación es, en mi opinión, un conjunto de aspectos como enfoque, temple, amor, miedo, visión, ambición, dolor, entre otros, que al mezclarse te permiten seguir adelante incluso cuando te duele el alma y los músculos. La determinación nace de tu corazón cuando sabes que existe miedo e incertidumbre, pero sientes que estás capacitado para estar aquí y ahora listo para asumir el desafío.

Para descubrir tu propósito, es necesario que incorpores en ti la habilidad de aprender a perder el miedo a ti mismo en el proceso de conquistar tus sueños. Es probable que sientas dolor al hacerlo, pero ese dolor te permitirá saber que estás vivo y en movimiento hacia tu propio descubrimiento.

La determinación es una cualidad esencial para lograr nuestros sueños. Se trata de ser perseverante y persistente en la búsqueda de aquello que consideramos que nos pertenece. Es necesario ser lo suficientemente terco con la vida para no rendirse ante los obstáculos y seguir adelante, pase lo que pase. Con determinación, podemos superar nuestras limitaciones y alcanzar nuestras metas más anheladas.

Para finalizar me repito a mí mismo:

Quiero enfocarme en hacer de la determinación una parte intrínseca de mi esencia. Que se convierta en la fuerza motriz que me guíe en cada paso de mi viaje. Que sea la chispa que encienda mi pasión y la fuerza que me impulse a perseguir mis sueños. No debo subestimar el poder de esta simple palabra. Con determinación en mi corazón y en mi mente, soy capaz de reprogramarme, de superar mis miedos y de alcanzar mis metas. Así que, con determinación, avanzaré hacia mi futuro lleno de promesas.

Determinación es ser lo suficientemente terco con la vida como para ir tras lo que tú consideras que te pertenece, tu sueño.

V. Respiro, siento, me enfoco y voy por lo que quiero

Solo porque no lo podamos ver, no significa que no exista." Esta frase nos recuerda que muchas cosas importantes no son tangibles y, por lo tanto, no pueden ser vistas a simple vista. Debemos aprender a valorar lo que no se ve a simple vista, como la bondad, el amor y la fuerza interior.

Siguiendo con la metáfora de la nube, así como la nube se forma a partir del vapor de agua, nosotros también nos formamos a partir de nuestras experiencias de vida y de las elecciones que hacemos. Debemos recordar que no llegamos a ser quienes somos de la nada, sino que somos el resultado de nuestras acciones y de nuestro entorno.

La frase "Respiro, siento, me enfoco y voy por lo que quiero" encapsula un proceso poderoso para fortalecer y dirigir nuestra voluntad. Al respirar conscientemente, nos centramos en el presente, lo que nos ayuda a conectarnos con nuestras emociones y pensamientos internos. Este acto de sentir y estar presentes en el momento nos permite enfocarnos claramente en nuestros deseos y objetivos.

La práctica del Tai Chi, mencionada en el texto, es un ejemplo perfecto de cómo podemos utilizar actividades físicas y mentales para cultivar nuestra fuerza interior y claridad mental. Tai Chi, al ser una forma de meditación en movimiento, no solo mejora nuestra salud física, sino que también equilibra nuestra mente y espíritu. Este equilibrio es crucial para fortalecer nuestra voluntad, ya que una mente clara y un cuerpo saludable son fundamentales para perseguir y alcanzar nuestros objetivos.

El concepto de que "lo que no se puede ver, no significa que no exista" nos recuerda la importancia de valorar y desarrollar aspectos internos como la determinación, la resiliencia y la motivación. Estos elementos intangibles son los que impulsan nuestra voluntad y nos permiten superar obstáculos y desafíos. Al reconocer y nutrir estos aspectos invisibles de nuestro ser, podemos desarrollar una voluntad firme y enfocada que nos guiará hacia la realización de nuestros deseos y sueños más profundos.

Para desarrollar nuestra fuerza interior, debemos practicar el Tai Chi, un arte marcial de origen chino que tiene múltiples beneficios para la salud física y mental. El Tai Chi se considera una medicina preventiva, ya que sus movimientos están diseñados para mejorar la circulación de la energía en nuestro cuerpo. Después de muchos años de práctica, el Tai Chi se convierte en una meditación en movimiento que ayuda a equilibrar cuerpo, mente y espíritu.

Es importante destacar que el Tai Chi es adecuado para personas de todas las edades y es especialmente recomendable para las personas mayores, ya que les ayuda a mantenerse activas y saludables. Además, puede ser practicado por cualquier persona, independientemente de su condición física.

En una sesión de Tai Chi para principiantes, se realizan ejercicios de apertura de articulaciones y estiramiento de músculos y tendones para centrar la atención y la respiración. Luego, se enseña la secuencia abreviada de veinticuatro movimientos, basada en el estilo Yang, que es el centro de la práctica. La secuencia consiste en una serie prefijada de posiciones y movimientos que sintetizan las enseñanzas que se deben adquirir.

Debemos recordar que nuestra fuerza interior no es algo que podamos ver, pero es algo que podemos desarrollar a través de nuestras experiencias de vida y de prácticas como el Tai Chi. Debemos aprender a valorar lo que no podemos ver a simple vista y a desarrollar nuestras habilidades internas para alcanzar nuestros objetivos y sueños.

Busca una escuela de Tai Chi en tu ciudad y regístrate para darle consistencia a esta propuesta. En un año, podrás evaluar si ha sido productivo o no. Pero no te preocupes, estoy seguro de que no será una experiencia negativa. Depende de ti lograr resultados diferentes en tu vida, pero no puedes esperar conseguirlos haciendo lo mismo de siempre.

El Tai Chi es una práctica que trabaja el cuerpo, la mente y el espíritu. Es una forma de respirar, sentir y enfocarse para alcanzar tus metas. Con esta práctica, podrás decidir a dónde quieres llegar en la vida. Todo depende de ti.

A veces, puede ser difícil atreverse a soñar y decidir qué quieres. Pero no te preocupes, aún no estás listo para hacerlo. Todo proceso de construcción tiene su tiempo. Es importante que te tomes el tiempo para conocerte mejor y decidir qué eres y qué quieres en la vida. Sigue paso a paso este manual de inspiración y verás cómo todo se irá acomodando poco a poco. Recuerda que el poder está dentro de ti, en cada aprendizaje que has tenido en la vida.

Las buenas cosas en la vida no se logran solo con pensamiento positivo, requieren esfuerzo, acción, actitud, determinación y empeño. Para lograr tu máximo potencial, es importante trabajar en el cuerpo, la mente, el alma y el espíritu. Debes tener una actitud positiva, un propósito claro y una determinación fuerte para luego utilizar un 20% de acción, como hacer ejercicios, caminar, practicar Tai Chi o meditar. Según la Ley de Pareto, se necesita el 80% de actitud, propósito y determinación para lograr los resultados que deseas.

Acá cinco ejercicios que si estás dispuesto a realizarlos, corres el riesgo de tener éxito en la construcción de tu mejor versión:

1.- Meditación de la bondad invisible: Es un ejercicio para ayudarnos a apreciar lo que no podemos ver. Cierra los ojos, respira profundamente y piensa en las cosas intangibles de tu vida que son valiosas, como el amor de un ser querido o la paz interna. Trata de sentir su presencia y el impacto que tienen en tu vida. Haz esto durante unos minutos cada día.

2.- Diario de crecimiento personal: Este es un ejercicio para ayudarnos a entender que somos el producto de nuestras experiencias y decisiones. Cada día, escribe sobre las experiencias que has tenido y las decisiones que has tomado. Reflexiona sobre cómo estas experiencias y decisiones te han afectado y cómo han contribuido a tu crecimiento personal.

3.- Práctica de Tai Chi: Encuentra un lugar tranquilo y espacioso para practicar Tai Chi. Si eres nuevo en esta práctica, considera inscribirte en una clase para principiantes. Practica regularmente, al menos tres veces a la semana, para obtener sus beneficios.

4.- Ejercicio de autoconocimiento: Este es un ejercicio para ayudarte a descubrir quién eres y qué quieres en la vida. Reserva unos minutos cada día para reflexionar sobre tus sueños, tus pasiones y tus objetivos en la vida. Es posible que te sea útil escribir estas reflexiones en un diario.

5.- Implementación de la Ley de Pareto: Para trabajar en tu actitud, propósito y determinación, haz una lista de tus actividades diarias. Clasifica cada actividad en términos de su impacto en tu vida y cómo contribuye a tus objetivos. Aplica la Ley de Pareto, que dice que el 20% de tus actividades producirán el 80% de tus resultados. Trata de centrarte en el 20% de actividades que te proporcionarán la mayor parte de tus resultados.

Recuerda, cada paso que tomes te acerca a tus objetivos. Mantén una actitud positiva y sigue adelante con determinación. Tu fuerza interior te guiará en tu viaje.

Capítulo 8 - Mi Plan de Acción

No podríamos concluir este proyecto sin establecer un plan de acción que permita implementar las ideas surgidas durante tu proceso de autodescubrimiento. Es importante recordar que este plan debe seguir el estilo SMART, como se explicó en capítulos anteriores.

"Mi plan de acción" es una guía estratégica que utiliza el enfoque SMART para establecer y alcanzar metas personales. Implica definir una visión clara a corto, mediano y largo plazo, alineando todas las acciones con esta visión. Incluye objetivos detallados para las dimensiones del cuerpo, mente, alma y espíritu, con énfasis en mejorar la salud, incrementar el conocimiento, manejar emociones y fortalecer las creencias personales. Este plan pragmático busca la realización personal a través de pasos consistentes y enfocados, impulsando al lector hacia la autenticidad y el éxito.

El primer paso consiste en determinar tu visión o sueño a uno, cinco y diez años (tú decides el límite), basándote en lo descrito en el capítulo correspondiente.

El segundo paso es establecer tu misión o razón de ser.

A partir de este momento, todas las acciones que diseñes deben estar alineadas con el objetivo de alcanzar tu visión.

El tercer paso es trabajar en metas para cada una de las cuatro dimensiones:

Cuerpo: Esta dimensión está formada por los instintos, las sensaciones corporales, los sentidos, la sexualidad, el cuerpo, el contacto físico, la respiración, el movimiento, entre otros aspectos. Tu meta de superación en esta dimensión debe enfocarse en cambiar algo que no te gusta o que te está molestando, o simplemente alcanzar un sueño relacionado con esta dimensión. Por ejemplo, podrías buscar temas de dietas que contribuyan a tu salud, ya que una buena salud te permitirá alcanzar tu visión, o ver temas de ejercicios que contribuyan a tu equilibrio corporal.

Para mejorar la dimensión corporal y fortalecer el poder de tu voluntad, considera las siguientes cinco acciones o metas:

1. **Establecer una Rutina de Ejercicios Regular:** Comprométete con un plan de ejercicios físicos que se ajuste a tu nivel de habilidad y objetivos. Esto puede incluir actividades como correr, nadar, yoga o entrenamiento de fuerza. El ejercicio regular no solo mejora tu salud física, sino que también aumenta tu autoestima y capacidad para mantener compromisos personales, reforzando así tu voluntad.

2. **Adoptar una Alimentación Saludable y Equilibrada:** Haz cambios en tu dieta para incluir más alimentos nutritivos y balanceados. Esto puede implicar reducir el consumo de alimentos procesados y aumentar la ingesta de frutas, verduras, proteínas magras y granos enteros. Una alimentación adecuada es crucial para mantener el cuerpo energizado y listo para enfrentar desafíos.

3. **Practicar la Atención Plena y la Respiración Consciente:** Dedica tiempo cada día a la meditación o ejercicios de respiración. Estas prácticas ayudan a conectar con el cuerpo, reducir el estrés y mejorar la concentración, lo que es vital para fortalecer la voluntad.

4. **Dormir Suficiente y Mejorar la Calidad del Sueño:** Establece una rutina de sueño regular y asegúrate de dormir las horas necesarias para una recuperación óptima. El sueño de calidad es fundamental para el rendimiento físico y mental, y una falta de sueño puede debilitar significativamente tu voluntad.

5. **Desarrollar Hábitos Saludables para Manejar el Estrés:** Incluye en tu vida actividades como hobbies, deportes, o incluso baños relajantes y masajes, que ayuden a liberar la tensión acumulada. Aprender a manejar el estrés de manera efectiva es crucial para mantener un cuerpo y una mente saludables, lo cual es esencial para cultivar una voluntad fuerte.

Estas acciones, centradas en cuidar y mejorar el estado físico, no solo benefician tu salud, sino que también contribuyen a desarrollar una mayor disciplina y determinación, elementos clave en la construcción del poder de tu voluntad.

Mente: Esta dimensión está formada por la razón, lo intelectual, nuestros pensamientos, creencias, valores y prejuicios. Tu meta de superación en esta dimensión debería incluir lecturas de libros que consoliden las habilidades y competencias necesarias para alcanzar tu visión. ¿Cuántos libros enfocados en alcanzar tu visión podrías leer este año?

Para mejorar la dimensión mental y fortalecer el poder de tu voluntad, considera las siguientes cinco acciones o metas:

1. Establecer un Hábito de Lectura Consistente: Dedica un tiempo específico cada día para la lectura de libros que enriquezcan tu mente y expandan tu conocimiento en áreas relacionadas con tus metas. Establece una meta clara, como leer un libro al mes o uno cada dos meses, enfocándote en temas que contribuyan a tu crecimiento personal y profesional.

2. Practicar la Escritura Reflexiva o el Journaling: Mantén un diario donde puedas reflexionar sobre tus pensamientos, experiencias y aprendizajes diarios. Esto te ayudará a procesar tus emociones, clarificar tus ideas y reforzar tus valores y creencias, contribuyendo a una mayor autoconciencia y voluntad.

3. Participar en Debates o Grupos de Discusión: Únete a grupos o foros, tanto en línea como presenciales, donde puedas compartir y discutir ideas. Estos intercambios intelectuales desafiarán y expandirán tu forma de pensar, mejorando tu capacidad crítica y analítica.

4. Tomar Cursos o Talleres de Desarrollo Personal: Inscríbete en cursos que te desafíen a pensar de nuevas maneras y a aprender nuevas habilidades. Esto puede incluir desde talleres de pensamiento crítico hasta cursos en línea sobre temas específicos de interés personal o profesional.

5. Practicar Ejercicios de Mindfulness y Meditación: Dedica tiempo regularmente a prácticas de mindfulness y meditación para mejorar la concentración, la claridad mental y reducir el estrés. Estas

prácticas te ayudarán a mantener un estado mental equilibrado y enfocado, esencial para el fortalecimiento de la voluntad.

Estas acciones, orientadas a nutrir y desafiar la mente, te permitirán no solo mejorar tus habilidades intelectuales, sino también desarrollar una mayor determinación y control sobre tus pensamientos y decisiones, elementos fundamentales en la construcción del poder de tu voluntad.

Alma: En esta dimensión, se trata de desarrollar la inteligencia emocional a través de los ejercicios ya practicados. Debes tener en cuenta que debes tomar control de las cinco emociones básicas: alegría, amor, rabia, tristeza y miedo. En tu plan de trabajo para alcanzar este nivel de conciencia sobre tus emociones, debes incluir cómo vives cada una de ellas.

Para mejorar la dimensión del alma, centrada en el desarrollo de la inteligencia emocional y el manejo de las emociones básicas, considera estas cinco acciones o metas:

1. Practicar la Atención Plena a las Emociones: Dedica momentos del día para reflexionar conscientemente sobre tus emociones. Identifica qué sientes, por qué lo sientes, y cómo cada emoción te afecta. Esta práctica te ayuda a reconocer y aceptar tus emociones, mejorando tu comprensión y manejo de las mismas.

2. Llevar un Diario Emocional: Anota tus experiencias emocionales diarias, prestando especial atención a cómo las emociones básicas se manifiestan en tu vida. Este registro te permite observar patrones, identificar desencadenantes y trabajar en estrategias para un manejo más efectivo de tus emociones.

3. Ejercicios de Autoempatía y Comprensión: Practica la autoempatía mediante ejercicios de reflexión que te permitan entender y aceptar tus emociones sin juzgarlas. Esto fortalece tu capacidad de responder a tus emociones de manera constructiva, en lugar de reaccionar impulsivamente.

4. Técnicas de Relajación y Regulación Emocional: Aprende y aplica técnicas de relajación como la respiración profunda, la meditación o el yoga para regular tus emociones. Estas prácticas contribuyen

a reducir el estrés y a mantener un equilibrio emocional, lo cual es fundamental para una voluntad sólida.

5. Participar en Talleres o Terapias de Inteligencia Emocional: Involúcrate en talleres, seminarios o sesiones de terapia que se centren en la inteligencia emocional. Estas actividades te proporcionan herramientas y estrategias para comprender y manejar mejor tus emociones, así como para interactuar de forma más efectiva y empática con los demás.

Desarrollar la dimensión del alma a través de estas acciones fomenta una mayor comprensión y manejo de tus emociones, lo que contribuye directamente a reforzar tu voluntad y resiliencia en la vida diaria.

Espíritu: Esta dimensión está formada por las creencias y valores más preciados de cada uno, los cuales nos proporcionan una actitud determinada en la vida. También se relaciona con factores existenciales, como quiénes somos, cómo entendemos la vida y cuál es nuestra función en ella. Además, pasa por nuestro sentido de gratitud con el universo o Dios. Para ello, te proponemos que respondas a las siguientes preguntas: ¿De qué crees que tienes que agradecer? ¿Cuándo y dónde?

Para fortalecer la dimensión espiritual, que abarca creencias, valores, y la conexión con aspectos más profundos de la existencia, puedes adoptar las siguientes acciones o metas:

1. Reflexión y Meditación Diaria: Dedica un tiempo cada día para la meditación o la reflexión tranquila. Este espacio puede utilizarse para contemplar tus creencias, tus valores, y tu conexión con el universo o una entidad superior. Esta práctica ayuda a aclarar tus pensamientos y a fortalecer tu conexión espiritual.

2. Exploración y Estudio de Filosofías o Enseñanzas Espirituales: Invierte tiempo en estudiar diferentes filosofías, religiones o enseñanzas espirituales. Esto no solo amplía tu comprensión del mundo y de las distintas creencias, sino que también puede ofrecer nuevas perspectivas sobre tus propios valores y tu lugar en el mundo.

3. Práctica de la Gratitud: Crea un ritual diario para expresar gratitud. Puede ser a través de un diario de gratitud, donde anotes diariamente cosas por las cuales estás agradecido, o mediante momentos de agradecimiento silencioso durante el día. La gratitud mejora tu bienestar emocional y fortalece tu espíritu.

4. Voluntariado o Servicio Comunitario: Participa en actividades de voluntariado o servicio comunitario. Estas acciones no solo benefician a otros, sino que también enriquecen tu espíritu, alineándote con valores de compasión, altruismo y comunidad.

5. Desarrollo de un Sentido de Propósito: Dedica tiempo a definir y comprender tu propósito en la vida. Esto puede incluir escribir una declaración de misión personal, establecer metas que reflejen tus valores y creencias, y tomar decisiones que estén alineadas con este sentido de propósito.

Al enfocarte en estas acciones, fortaleces tu dimensión espiritual, lo que a su vez contribuye a desarrollar una voluntad más firme y un sentido más profundo de dirección en tu vida. La dimensión espiritual es crucial para sentirse conectado con algo más grande que uno mismo y para encontrar significado y satisfacción en las acciones y decisiones diarias.

En base a todo lo anterior, es decir, cada respuesta que siempre estuvo en tu corazón, debes llenar el cuadro adjunto de autoayuda o self-coaching.

Es importante destacar que todas las acciones diseñadas deben estar orientadas a alcanzar tu visión, y que el plan de acción debe ser implementado de manera consistente y constante para lograr los resultados deseados.

Seguir tus sueños puede resultar más difícil de lo que imaginas, pero cada pequeño logro se siente muy bien. Tener la certeza de que estás siendo fiel a ti mismo es muy poderoso. Sentir esa claridad y convicción puede ser parte de un momento de conciencia e intuición profunda que cambiará tu presente y tu futuro.

¡Sigue adelante, tú puedes!

Cuadro: Mi Plan de Acción

CATEGORIA:	(QUE) Debe comenzar en verbo y responder a: - *¿Cuál es la idea más importante para ti de este capítulo?* - *¿Qué te inspira y crees que te gustaría lograr a propósito de este capítulo?*	(COMO) Por favor piensa en tres acciones que te permitirán alcanzar el (QUE) de la primera columna.	(QUIEN) Por favor escribe el nombre del único responsable de tus logros a partir de hoy.	(CUANDO) Establece tu cronograma, fechas de inicio y fin de cada acción.	(CUANTO) Debes fijar tu presupuesto para esta meta.
CUERPO	Ejemplo: ***Establecer, alcanzar, lograr, etc., la felicidad como ventaja en vida...***	1.- 2.- 3.-			
MENTE					
ALMA					
ESPÍRITU					

Capítulo 9 - Epílogo

Tras esta última frase, Sebastián cerró los ojos. Podía sentir, en ese último suspiro, el eco de una historia contada hace muchos años. Una historia que no solo había sido contada, sino vivida con el coraje, la convicción y, sobre todo, la voluntad que ahora parecían desvanecerse con él. A lo largo de su vida, Sebastián había comprendido el verdadero Poder de Tu Voluntad, y en su lecho de muerte, la satisfacción en su rostro era testimonio de una vida vivida en armonía con este poderoso principio.

El relato ahora se cierra sobre sí mismo, completando el círculo que comenzó al inicio del libro. La historia de Sebastián, aunque llega a su fin, ha dejado una huella imborrable en cada página y en cada lector que ha compartido su viaje. En este epílogo, recordamos a Sebastián en sus primeros momentos de descubrimiento, cuando la chispa de la voluntad comenzó a arder en su interior. Ahora, al final, podemos ver cómo esa chispa se convirtió en una llama inextinguible que iluminó su camino durante toda su vida.

Como lector, estás ahora en el lugar donde comenzamos. Pero no somos los mismos que al principio, hemos crecido junto a Sebastián, hemos aprendido de sus experiencias, hemos compartido su camino. Y a través de su historia, quizás hayamos encontrado el coraje para enfrentar nuestros propios desafíos, la convicción de seguir adelante, y, finalmente, el Poder de Nuestra Propia Voluntad. Así, aunque la historia de Sebastián ha llegado a su fin, su legado perdura en cada uno de nosotros, inspirándonos a vivir nuestras vidas con el mismo valor, determinación y voluntad que él demostró en la suya.

Sebastián finalmente pensó…

En ese último suspiro de mi vida, experimenté una serena melancolía. Sentí cómo el telón se cerraba sobre mi existencia, y recordé con gratitud los momentos que habían tejido la trama de mi vida. Mis ojos, que alguna vez fueron de un profundo color castaño-verdoso, se tornaron fríos y blancos mientras me despedía de este mundo. En un susurro apenas audible, dirigí unas palabras hacia un ser invisible que solo yo podía percibir: "He cumplido, Maestro".

Así concluye mi historia...

En este punto, el viaje que compartimos llega a su fin. A través de estas páginas, has sido testigo de mi camino, mis desafíos, mis sueños y mis logros. Espero que esta narración haya dejado una huella en tu corazón, así como lo hizo en el mío. Mi deseo es que, al cerrar este libro, encuentres inspiración para abrazar tu propia vida con valentía, determinación y la profunda comprensión del Poder de Tu Voluntad.

El telón se baja, pero el escenario de tu vida sigue iluminado. Tu historia continúa, y ahora eres el protagonista. Aprovecha cada día con pasión y amor, como yo lo hice al descubrir el significado más profundo de la existencia.

Fin... y comienzo.

Notas del autor

En este libro, te he presentado la esencia de varias corrientes del pensamiento humano estudiadas y desarrolladas por diversos científicos. Lo he hecho de manera simple, amena y resumida, enmarcada en la agradable historia de Sebastián. He estudiado todas estas teorías para superarme a mí mismo constantemente, y me pareció justo mostrártelas. Debo confesar que aún me encuentro en este proceso, al igual que tú, trabajando día a día, sabiendo que solo terminará el día en que muera.

También debo declarar que lo más difícil es poner en práctica todo este concepto: salir a correr, escribir un plan, medir los resultados, reconocer las derrotas diariamente, emprender nuevamente y así sucesivamente. ¿Es difícil? Sí, es muy difícil, pero debes reconocer que estar enamorado de la vida y de ti mismo implica movimiento y trabajo duro.

Ahora, con esta guía, estás en tus propias manos y aunque puede ser difícil, no es imposible. Solo muévete, sigue tu instinto, tú sabes qué es lo mejor para ti. Si has llegado hasta este punto, solo queda agradecer tu nivel de perseverancia. Espero de todo corazón haber inspirado algo en ti para que puedas descubrir el poder de tu voluntad, lo que te permitirá hacer la diferencia y tener una ventaja competitiva respecto a otros seres humanos. Si has llegado hasta aquí y has hecho todos y cada uno de los ejercicios, me temo que corres el riesgo de tener éxito.

Quedan dos posibilidades: la primera es que archives este libro y que solo haya sido una interesante lectura que te hizo sentir bien, que te hizo creer que puedes cambiar el mundo comenzando por ti. Sin embargo, en cuarenta y ocho horas, todo habrá desaparecido. La segunda posibilidad es que realmente quieras un cambio en tu vida y que a partir de esta lectura todo pueda cambiar, pero para ello, hace falta una sola palabra: "acción". Eres tú el único que puede hacerlo.

Parece ser que solo basta con creer que hoy, aquí y ahora es posible ser una mejor persona con relación a uno mismo, ser una mejor versión que ayer.

Para liderar este mundo, primero debemos poder liderarnos a nosotros mismos.

Somos dueños de nuestro dialogo interno.

La vida se da en un instante, en un momento nacemos, crecemos, nos reproducimos en ocasiones y si tenemos suerte llegamos a envejecer y finalmente regresamos al universo, todo esto sucede tan rápido…

Recuerda, tú eres el director de esta obra llamada **tu vida**.

¡En verdad, tú puedes!

Josué Rodríguez

Agradecimientos

Agradezco profundamente a los maravillosos profesionales multidisciplinarios de diez países diferentes que hicieron posible el prólogo, la traducción y corrección de esta obra.

Quiero expresar mi agradecimiento a mi maestro de escritura narrativa, José Alejandro Valencia-Arenas, director de la Escuela Internacional de Escritura Narrativa en Lima, Perú. Es un profesional prolijo y brillante cuyo conocimiento y enseñanzas me han sido de gran ayuda.

También quisiera agradecer a mi mentor, maestro y amigo Sulivan Franca, Master Coach y presidente de la Sociedad Latinoamericana de Coaching – SLAC en São Paulo, Brasil. Lo conocí durante mi certificación en el programa Leader Coach y Train The Trainers, y es un especialista, apasionado y líder internacional en Coaching, referente en Latinoamérica y para muchas personas del mundo. Me siento privilegiado de ser business partner de SLAC en Bolivia.

Mi gratitud también se extiende a Pedro Solórzano, Master Coach y CEO de Gamification - Training & Coaching en Málaga, España, quien fue mi tutor durante mi formación como Coach de Vida y Coach Ejecutivo en The International School of The Coaching TISOC. Es un ser humano que no deja de enseñar en todas sus preguntas y acciones.

Quiero destacar la magistral traducción al idioma inglés de Carola Borda Beckrich, una de las profesionales más destacadas y competentes, que ha llevado a cabo la traducción de esta obra titulada The Power of your Willpower.

Asimismo, deseo agradecer de manera especial a Aline Portel, mi profesora de portugués en la Embajada de Brasil en La Paz, Bolivia, quien hizo posible que mi sueño de publicar un libro en Brasil se hiciera realidad. Después de unos años, ella ha revisado y traducido O Poder da sua Vontade al maravilloso idioma portugués. ¡Gracias, Aline!

Finalmente, a ti, lector, que tienes este libro en tus manos, te doy las gracias por formar parte de mi pasión y propósito.

A Dios por ser mi mayor inspiración y fuente de toda sabiduría.

Gracias, gracias, ¡¡¡gracias!!!

Acerca de Josué Rodríguez

Durante los últimos veinticinco años, ha desempeñado funciones de liderazgo en diversas empresas privadas de servicios, industria y comercio en distintas regiones de Bolivia.

Asimismo, ha sido invitado como profesor para impartir clases de liderazgo, coaching y recursos humanos en programas de pregrado y posgrado en varias universidades del país. En la actualidad, se desempeña como director ejecutivo de INSPIRE TALENTO HUMANO (www.inspiresrl.com), donde aborda problemáticas relacionadas con la gestión del talento humano.

También es conferencista internacional, facilitador y capacitador empresarial, y coach ejecutivo.

Profesión:

- Master en Gestión Estratégica de Organizaciones MAGEO.
- Master en Gestión de Recursos Humanos MAGRH.
- Maestrante en Investigación Neuropsicológica de la Educación.
- Licenciado en Administración de Empresas.
- PAG – INCAE Business School Costa Rica.

Diplomado en:

- Coaching Universitario.
- Experto en Coaching.
- Gestión y Desarrollo de RRHH.
- Educación Superior.
- Psicología Clínica.
- Marketing.
- Gestión de Personas en Organizaciones.
- Gestión de Organización de RRHH.
- Habilidades y Competencias Directivas.

Certificaciones internacionales en:

Es miembro de ICF "International Coaching Federation", Capitulo Bolivia.

- CP Coaching Personal, The International School of Coaching (TISOC).
- CE Coaching Ejecutivo, The International School of Coaching (TISOC).
- PLCC Professional Leader Coach Certification SLAC São Paulo, Brasil.
- Facilitador certificado en Master Training Neuroventas – Jurguen Klaric BiiA LAB.
- CIIE Certificación Internacional en Inteligencia Emocional por ACCA ICMF – USA.
- Inteligencia Emocional WOBI – con Daniel Goleman
- PNL - Modelamiento de Factores de Éxito – con Robert Dilts
- Josué Rodríguez es *business partner* de la Sociedad Latinoamericana de Coaching de Sao Pulo Brasil "SLAC" para Bolivia.

También es autor de:

- ¿Dónde está Mercurio?
- Marketing Resonante
- Manual Práctico: Valores, Visión y Misión
- Amoración – Liderazgo Familiar
- La Magia de cada Palabra: Manual de comunicación efectiva.

Hay quienes prefieren hacer su proceso de **Coaching Ejecutivo por Competencias** acompañados por Josué Rodríguez. El **CEXC** es un proceso que persigue como objetivo principal desplegar desde adentro hacia afuera el máximo desarrollo personal y profesional de quien lo realiza.

josuerodriguez2009@gmail.com

Made in the USA
Middletown, DE
04 February 2024

48450633R00130